C Schindler-Escher

Klein aber Mein - sieben Projekte für einzeln stehene Häuschen mit Stall

1. Band

C Schindler-Escher

Klein aber Mein - sieben Projekte für einzeln stehene Häuschen mit Stall
1. Band

ISBN/EAN: 9783743450219

Hergestellt in Europa, USA, Kanada, Australien, Japan

Cover: Foto ©ninafisch / pixelio.de

Manufactured and distributed by brebook publishing software (www.brebook.com)

C Schindler-Escher

Klein aber Mein - sieben Projekte für einzeln stehene Häuschen mit Stall

„Klein, aber Mein."

Sieben Projekte für einzeln stehende Häuschen mit Stall

im Werthe von vier bis fünftausend Franken

(den im Juni 1885 prämiirten Arbeiten entnommen).

Herausgegeben von

C. Schindler-Escher.

Mit einer Abhandlung „Ueber die Wahl der Baustelle" von Prof. El. Landolt und „Ueber den Anbau eines Gemüsegartens und eines Stück Pflanzlandes" von Direktor Lutz.

Erstes Heft.

Dritte Auflage.

Zürich,
Commissionsverlag von Meyer & Zeller,
(Meyer und'sche Buchhandlung.)
1886.

„Klein, aber Mein."

Sieben Projekte für einzeln stehende Häuschen mit Stall

im Werthe von vier bis fünftausend Franken

(den im Juni 1885 prämiirten Arbeiten entnommen).

Herausgegeben von

C. Schindler-Escher.

Mit einer Abhandlung „Ueber die Wahl der Bauftelle" von Prof. El. Landolt und „Ueber den Anbau eines Gemüsegartens und eines Stück Pflanzlandes" von Direktor Luh.

Erstes Heft.

Dritte Auflage.

Zürich,
Commissionsverlag von Meyer & Zeller.
(Meinwraun'sche Buchhandlung.)
1886.

Für jedes Projekt ist ein Bau- oder Werkplan im Maaßstab von 1 : 50 angefertigt worden. Dieser besteht aus 8—10 Blättern, nämlich den drei Grundrissen, Schnitten, der Balkenlage, der Haupt- und Seitenansicht und der Perspektive. Beigefügt ist ferner das Vorausmaaß mit Kostenberechnung, ein Bedingnißheft und das Formular eines Bauvertrages.

Der einzelne Werkplan kann unter Aufgabe der gewünschten Projektnummer durch alle Buchhandlungen bezogen werden.

Im Februar d. J. wurde eine Konkurrenz ausgeschrieben zur Einreichung von Plänen für einzeln stehende Häuschen auf dem Lande im ungefähren Werth von viertausend Franken.

In der Nähe von Städten oder von großen Fabriketablissements gibt es überall ganz vortrefflich eingerichtete, in Reihen oder in's Geviert zusammengebaute Arbeiterhäuser. Einzeln stehende, je nur einer Familie dienende und auf das Land passende Häuser sind dagegen selten anzutreffen. Wenn aber der Miether Eigenthümer des Objektes werden und wenn hauptsächlich der Ertrag von einem tüchtig und auf intelligente Weise bebauten Stück Land zum Gesammterwerb verhelfen soll, so muß auch an den freistehenden Häuschen für eine Familie festgehalten werden.

Das Aneinanderbauen mehrerer Wohnungen reduzirt wesentlich die auf eine derselben entfallenden Baukosten Beim Einzelnhaus hat man statt dieses Vortheils leider den Nachtheil größerer Kosten schon deßwegen, weil man beim Bau eines noch so kleinen Hauses vernünftiger Weise nicht unter eine gewisse Minimalgröße gehen darf. Diese Kosten werden aber noch erhöht, wenn ein Stall beigegeben werden muß. Da überdies zu den Baukosten noch ein kleines Kapital zum Ankauf eines ordentlich großen Stückes Land nothwendig ist, so ist es von der größten Wichtigkeit, daß bei solchen Kleinbauten auch der geringfügigste Betrag, soweit darunter die Solidität und die hygienisch richtige Bauart nicht leidet, ängstlich gespart werde.

Unter letzterer ist die Sorge für reine Luft und viel Licht, für trockene Räume und genügend starke Mauern, die vor Kälte und Feuchtigkeit schützen, zu verstehen. In dieser Richtung sollte nicht gespart werden, denn Krankheit, die ja meist Verdienstlosigkeit nach sich zieht, ist neben Unfrieden und Verschwendung das größte Hinderniß für das Gedeihen eines Haushaltes. Krankheit verhüten ist leichter, als sie und ihre Folgen heilen.

Die Ausschreibung sollte zunächst zeigen, was bisher bei uns und in unsern Nachbarländern in dieser Spezialität geleistet wird. Nach Kenntnißnahme der Eingaben soll nun versucht werden, durch mehrere, unter sich verschiedenartige Pläne und Kostenberechnungen Anleitung zu geben, wie solche Häuschen am besten einzutheilen und wie dieselben in solider und doch möglichst sparsamer Weise zu bauen seien.

Mein Bruder und ich beabsichtigen nämlich nicht, wie Viele glauben, solche Häuschen selbst zu bauen. Wir sind vielmehr der Ueberzeugung, daß sowohl die private Gemeinnützigkeit als der Staat nur soweit helfen sollte, daß dadurch der Einzelne in den Stand gesetzt wird, sich selbst zu helfen. Reiche und Arme können sich nur durch individuelle Arbeit, durch persönliche Sparsamkeit und Selbstüberwindung Wohlhabenheit erhalten oder erwerben. Wer den nicht begüterten Klassen sagt, daß ihnen der Staat zu einer wesentlichen und dauerhaften Besserung ihrer Lebensstellung helfen könne, der lügt sie an. Er zerstört durch diese Vorspiegelung die Freudigkeit zu individueller Anstrengung, wodurch einzig und allein, mit Hülfe der Assoziation, das Befinden der Massen dauernd kann gehoben werden.

Häuser, welche aus Gemeinnützigkeit gebaut werden, müssen schon der Bauleitung, dann aber auch der Verwaltung wegen, gruppenweise gebaut werden. Darum findet man auch bei Industriellen, welche viele Arbeiter beschäftigen, ganze Kolonien von Arbeiterwohnungen in nächster Nähe des Etablissements. Die Leute könnten aber füglich auf eine Stunde Entfernung wohnen und die Gemeinnützigkeit würden besser thun, ihnen nicht bloß zu Wohnungen, sondern zu solchen Heimwesen mit einem ansehnlichen Stück Land zu verhelfen, wie das Herr Wild in Wettingen gethan hat. Je zerstreuter solche Heimwesen über das Land, je mehr der Einzelne sein Häuschen nach seinem Geschmack und seinen Mitteln einrichtet, um so besser. Gerade durch die Findigkeit desselben wird am richtigsten das für ihn Passende gefunden. Damit ist ja nicht ausgeschlossen, daß sich Einzelne zu gemeinschaftlichem Ankauf von Land zusammen thun, wenn sie dasselbe billiger haben können, und wenn günstige Wasser- und Zufahrtsverhältnisse sie dazu veranlassen.

wie der Schuh dem Fuß. Es muß also ein Sachverständiger am Bauplatz selbst entscheiden, welches Häuschen für denselben am ehesten paßt.

Wie aus dem Bericht der Jury*) (ebenfalls zu haben bei J. Schultheß in Zürich) hervorgeht, sind s. Z. 85 Arbeiten eingelaufen, wovon 37 aus der Schweiz und 23 aus vielen Städten Norddeutschlands, bis hinauf zur Insel Sylt in der Nordsee, der Rest von Architekten in Wien, Fiume, Czernowitz in der Bukowina. Sechszehn Nummern wurden prämirt.

Mit einem Preis I. Klasse und Fr. 300:

Die Arbeiten der in alphabetischer Ordnung angeführten Herren A. Grübler, Architekt, St. Gallen; Ferd. Kuhn, Baumeister, Unterstraß; H. Schiele, Architekt und Lehrer in Stuttgart; Paul Spinner, Architekt in Hottingen; Joseph Kluger, Architekt in Wien; Hans Vaterlaus, Architekt in Riesbach.

Mit einem Preis II. Klasse und Fr. 250:

Die Herren J. Frey, Architekt in Luzern; H. Knobel, Architekt in Außersihl; Staunn-Preiswerk, Baumeister in Basel; K. Waldmann-Abegg, Architekt, Enge.

Mit einem Preis III. Klasse und Fr. 200:

Die Herren Hans Tay, Architekt in Zürich; Donat Frigg, Bautechniker, Winterthur; A. Helsi, Ingen., Eisleben; Schneeweis Architekt in Schlierbach; C. Weise, Architekt, Dernbach (Baden); J. Westphal, Architekt, Hamburg.

Diese prämirten Arbeiten sind in dem erwähnten Berichte von Herrn Prof. Lasins nach Vorzügen und Mängeln besprochen worden.

Die Pläne, welche wir in den Grundrissen und in der Perspektive vorlegen, sind mit Ausnahme von Projekt VII den prämirten Arbeiten entnommen. Dieselben sollen als Beispiele dienen für die verschiedene Größe, für die Gruppirung der Wohnräume, für die Arten des Einganges in's Haus, des Hausganges und der Treppenanlage, sowie für die Art und Weise, wie der Stall von der Wohnung getrennt wird. Die Größe hängt, wenn der Stall nicht im Kellerraum liegt, hauptsächlich davon ab, ob im Erdgeschoß neben der Wohnstube noch ein Schlafzimmer beigegeben ist. In diesem Fall bleibt auch mehr Platz im Dachstock zur Verfügung, weil man dann dort gewöhnlich nur noch zwei Schlafkammern brauchen wird. Beim Entwerfen der sieben Projekte, resp. beim Abändern der ursprünglichen Pläne, glaubten wir an folgenden Punkten festhalten zu sollen: Die Fenster der Wohn- und Schlafräume sollen soviel als möglich nach Morgen, Mittag und Abend frei sein und zwar so gegen die Sonne gestellt werden, daß dieselbe um Mittag im hohen Sommer aus dem Hausbach, im Winter in die Stuben hineinscheint. Die Fenster sollen starke Lüftung erleichtern, indem die nördlich gelegenen im Sommer die kühle, die südlichen Fenster im Winter die warme Luft ins Haus hineinströmen lassen. Die Wohnräume müssen ringsum, also auch oben und unten, von Licht und Luft umgeben, die Stuben im Erdgeschoß also immer unterkellert sein. Der Fußboden der Wohnräume im Erdgeschoß sollte mindestens 70 Cm. über dem Niveau des Bodens vor dem Hause liegen, was leider auch bei unseren Projekten nicht überall der Fall ist. Der Baugrund sollte auf 1.40 M. trocken gelegt werden. Die Küche dagegen wird grundsätzlich nicht unterkellert, weil in Folge der Nässe von beiden Seiten her die Balken leicht faulen und weil der Betonboden der Küche am Besten auf den Grund und Boden selbst gelegt wird. Auch der Keller muß vollständig gelüftet werden können, und zu diesem Zwecke Fenster auf zwei entgegengesetzten Seiten haben. Heerd, Ofen, Kamin und Ventilationsrohr neben demselben dürfen nicht seitlich, sondern müssen möglichst in der **Mitte** des Häuschens liegen; Stube und Nebenstube bekommen eine Kniswand, damit wird im Frühling und im Herbst das Heizen für 2–4 Wochen erspart. Rohrleitungen von Oefen muß man möglichst vermeiden, zwei Kamine sollten aus Sparsamkeitsrücksichten nie vorkommen. Die Stube und jede Schlafkammer muß ihren eigenen Eingang haben. Erstere darf nicht unter 15 m², die Nebenstube nicht unter 10 m², die Küche nicht unter 9 m², die Etagenhöhe nicht unter 2.40 M. bleiben. Wo drei Kammern vorkommen, müssen wenigstens zwei davon je 9–10 m² halten, während eine dritte, wenn es sich nicht anders machen läßt, auch etwas enger sein darf. Die Gänge dürfen so im winkelig und eng sein, damit man sich darin frei bewegen und Möbel transportiren kann. Gar zu steile oder gewundene Treppen sind zu vermeiden. Abtritt und Küche sind so zu legen, daß man für dieselben ohne lange Leitung nur **einer** Grube bedarf. In der-

---

*) Dieselbe bestand aus den Herren Professoren El. Landolt, Bluntschli und Lasius, Hrn. Baumeister Joh. Baur und mir.

selben trennt eine Scheidewand die Abtrittjauche vom Schüttsteinwasser. Dadurch wird erreicht, daß man die Unannehmlichkeit solcher Gruben nicht auf zwei Hauszeiten hat, und es wird die immer kostspielige Konstruktion solcher Gruben auf eine reduzirt, so daß diese um so solider und dichter gemacht werden kann. Die Grube und Hausmauer müssen entweder durch eine doppelte Mauer oder durch einen hohlen Raum von einander getrennt sein. Im Abtritt sollte ein Dunstrohr 10 Cm. weit, von Zink, nicht fehlen. Während das Abtrittrohr selbst **unter** die Oberfläche der Jauche reicht, soll das Dunstrohr über dem höchsten Stand derselben ausmünden und mindestens 1 M. über das Dach hinaus ragen. Da, wo ein Sodbrunnen in der Nähe des Hauses gegraben werden muß, empfiehlt es sich sehr, statt einer Abtrittgrube eine ganz billige Erdklosetteinrichtung zu wählen. Zu diesem Zwecke genügt es neben Sitz und Geschirr eine Kiste mit trockener Erde stehen zu haben, aus welcher man mit einer Schaufel das nöthige Quantum Erde einwirft. Diese Einrichtung ist namentlich von großem Werth für die Bereitung des Düngers, welcher für unseren Zweck so wichtig ist. Nähere Auskunft über selbstwirkende Erdklosetteinrichtungen gibt Herr Schuster, Tödistraße 41, Enge, Zürich.

Der Stall darf nirgends an einen Wohnraum anstoßen und soll, wie der Abtritt, überhaupt so wenig als möglich ins Haus eingebaut sein.

Die einfachste Einrichtung für Ventilation dürfte in der Anbringung eines gemauerten Rohres neben dem Kamin bestehen. Unmittelbar unter den Zimmerdecken werden Klappen in diesem Rohre angebracht. Die Luft in der Stube wird am besten gereinigt, wenn der Ofen in dieser selbst geheizt wird. Herabfallende Luftflügel im obern Fenstertheil sind hiefür auch zu empfehlen. Die Abhaltung der aufsteigenden Bodenfeuchtigkeit in den Umfassungsmauern erreicht man dadurch, daß man eine Lage von gut getheerter Dachpappe von der Breite des Sockelmauerwerks zwischen dieses und das Umfassungsmauerwerk legt. Als bestes Mittel gegen das Durchschlagen des Regens und Nässung der innern Seite der Umfassungsmauern hat sich die Anbringung eines hohlen Raumes in denselben bewährt. Dies setzt allerdings Backsteinmauerwerk voraus. Es werden zu diesem Zwecke zwei je 12 Cm. dicke Mäuerchen mit einem Zwischenraum von mindestens 6 Cm. (Schmölke verlangt 14 Cm. Hohlraum)*) aufgeführt, und dieselben entweder durch einzelne Bindesteine oder durch vollständige Mauerpfeiler von ½ Stein Breite miteinander verbunden. Die Köpfe der einander überbindenden Steine sollen in heißen Theer getaucht werden.

Alle Dächer solcher Häuschen sollten zum Schutz der Umfassungsmauern und der Fenster etwa 70 Cm. über diese hinwegreichen. Dachrinnen und Abfallrohre dürfen nicht fehlen und sind berechnet.

Weiteres Detail über die Konstruktion dieser Häuser gehört nicht hierher. Wer sich hierüber gründlich unterrichten will, dem sind zu empfehlen die Werke von J. Schmölke: „das Wohnhaus des Arbeiters" (Preisschrift), Bonn 1883; und von Rudolf Manega: „Die Anlage von Arbeiterwohnungen", mit einem Atlas; ferner eine Abhandlung über solche Häuser von Klette. Halle a. S. 1876. G. Knapp.

Aus den nach Professor Gladbach's Zeichnungen von Hofer & Burger in Lichtdruck vervielfältigten Perspektiven ist das Bestreben zu erkennen, dem Aeußern der Häuschen mit bescheidenen Mitteln ein wenig architektonischen Schmuck zu geben. Solch' ein Häuschen muß schon von Ferne gesehen einen freundlichen und heimeligen Eindruck machen. Schönheit, sagt Charles Kingsley, ist ein Schriftzug von Gottes Hand, ein Gruß von Ihm. Wer ein Verständniß für sie hat, heißt sie dankbar willkommen, nicht nur im Menschenwerk, sondern in jedem klaren Himmel und in jeder holden Blume.

Um die Projekte unter sich richtig vergleichen zu können, sind die Einheitspreise in der Kostenberechnung für alle gleich, und zwar auf hiesige Normalpreise angesetzt worden. Voransmaß und Kostenberechnung sollen als Anhaltspunkte dienen. Sachverständige haben diese Preise geprüft und richtig gefunden. Sie sind der Meinung, daß die Arbeiten zu denselben gut und solid ausgeführt werden können, sei es daß sie durch einzelne Professionisten oder durch einen Uebernehmer des ganzen Baues ausgeführt werden. Es versteht sich, daß die Fuhrlöhne je nach der Lage des Bauplatzes verschieden sind. Dieser Fuhrlohn, resp. Bahntransport, in welch' letzterem Falle immer nur **ganze**

---

*) und zieht in der Kostenberechnung ¼ vom kub. Inhalt für „hohl" ab.

— 8 —

Waggonladungen (von 4000 Stück) gemeint sind, beträgt per 1000 Stück Normalbacksteine von unseren grossen Backsteinfabriken weg, bis Schlieren zirka Fr. 5.—, Dietikon Fr. 6.—, Wallisellen Fr. 5.—, Dietlikon Fr. 6.— Effretikon Fr. 7.—. Ein Häuschen wird 3 Waggonladungen oder zirka 12000 Steine brauchen. Die 7 Projekte sind theils in Backsteinen, theils in Bruchstein-Mauerwerk berechnet.

Für Stube und Nebenstube sind überall Vorfenster und Fensterladen, letztere auch für die Küche und die Schlafkammern angenommen, die Kosten der letztern aber in eine besondere Rubrik gestellt worden. Ferner figuriren überall mindestens vier Wandschränke in der Rechnung. Zu den angesetzten Preisen für Thüren, Fenster, Laden und Schlösser kann eine genügend gute Qualität beschafft werden. Für Unvorhergesehenes ist nichts zugeschlagen, da jede Summe hiefür ja doch nur eine ganz willkürliche Annahme ist. Die Wohnstube und Nebenstube werden getäfert, ebenso die Schlafkammern. Die Kosten für Rauchkammer, Cementfässer, Waschkessel und so mehr sind in den oben angegebenen Beträgen nicht inbegriffen. Diejenigen für den Brunnen sind dem Ankauf für das Grundstück zugeschlagen.

Es hat sich nun leider bei ganz sorgfältigem Ausmass und Zugrundelegung richtiger Preise herausgestellt, dass um die Summe von Fr. 4000.—, wenn solid und nirgends gar zu enge gebaut wird, zu hiesigen Normalpreisen, nur ein sehr kleines Häuschen gebaut werden kann. Dort freilich wo Bruchsteine, die wir hier für Fr. 17.— bis 22.— per m^3 ansetzen, zu Fr. 8½ resp. 10½, oder wo Backsteine zu Fr. 35.— statt zu Fr. 45.— per 1000 Stück erhältlich sind, wird man auch die grössern Projekte zu annähernd Fr. 4000.— bauen können. Viele Sachkundige erwarten von dem Bauen mit Schlackensteinen eine grosse Kostenverringerung, indem sie behaupten, dieselben werden nur halb so viel als Backsteine kosten. Die Sache ist leider noch zu neu, die Schlackensteine vielleicht auch nicht einmal in genügender Anzahl vorhanden, als dass wir wagen dürften dieselben zu empfehlen und unseren Rechnungen zu Grunde zu legen. Kommt Zeit, kommt wohl auch hiefür guter Rath. Ein niedrigerer Kostenpreis solcher Bauten, wie wir denselben so sehnlich wünschen möchten, wird eben erst von der Konkurrenz zu erhoffen sein und davon, dass sich einzelne tüchtige Unternehmer mit denselben als einer Spezialität befassen. Dies wird wiederum davon abhängen, ob ihnen eine grössere Anzahl Häuschen vom gleichen Projekt zu gleichzeitiger Lieferung bestellt wird.

Das gesammte Holzwerk für ein Projekt könnte dort, wo das Holz billig ist, zugehauen und mit verhältnissmässig geringer Fracht überall hin versendet werden.

Vor allen Dingen aber muss man wissen, welches Projekt unserm Publikum am meisten zusagt und deshalb mussten auch mehrere Projekte zur freien Wahl vorgelegt werden.

Projekt I ohne Nebenstube, hat zirka 51 m^2 Baufläche. Man tritt durch die Hausthüre in den Gang, von dem man in die Stube, die Küche, den Abtritt und den Keller gelangt. Zu dem Dachstock führt eine Treppe, welche gegen die Stube mit einer Thüre geschlossen wird. Wohnstube und Küche, sowie zwei von den drei Kammern sind geräumig. Das Häuschen ist vom Fundament bis zum Dach in massivem Mauerwerk berechnet und zwar in Backsteinen, im Erdgeschoss mit 32 Cm. Stärke (nämlich 12 und 12 und 8 Hohlraum, aber nur für 30 Cm. Dicke berechnet), oben mit 25 Cm dicken Backstein-Mauern. Die Ueberlagerung des Kniestockes, wie die Perspektive zeigt, ist in den Plänen fallen gelassen worden. Dagegen ist der Grundriss in den Werkplänen etwas grösser, als in dem reduzirten Grundriss. Massivbau empfiehlt sich namentlich auch desswegen, weil dadurch das gute Aussehen am Besten erhalten bleibt und ein solches Häuschen seinen Werth als Pfand weniger verliert. Der Preis stellt sich auf zirka Fr. 4000.—, und auf zirka Fr. 4300.—, wenn in der Stube eine Kunstwand angebracht wird, Stube und Dachkammern verschaalt und auch die Kammern mit Vorfenstern versehen werden.

Projekt II ohne Nebenstube, hat seinen Eingang durch die Küche, jedoch mit einem Raum vor derselben, von dem man auch direkt in die Stube gelangen kann. Diese Thüre nach der Stube kann freilich auch weggelassen oder abgeschlossen werden; indessen mag es der Hausfrau lieb sein, wenn ihr nicht Jeder in die Küche läuft und in den Topf hinein guckt. Der etwas eingebaute Stall wurde, da wo er an die Stube anstösst, durch eine hohle Zwischenmauer getrennt und an derselben Stelle im Stall ein Geschirrbehälter angebracht. Aus der Küche steigt die Treppe in den Dachstock. Unter dieser ist eine Speisekammer. Der Thür dieser Speisekammer gegenüber liegt die etwas steil ausgefallene Kellertreppe. Im Dachstock ist eine besonders große, von 2 Seiten beleuchtete Kammer. Auch die zwei andern Kammern sind geräumig. Das Fundament ist Beton, 40 Cm. dick, die Umfassungsmauern sind unten Backstein, 32 Cm. dick, hohl, außen in Rohbau und ausgefügt. Im Kniestock sind 8 Cm. dicke Blockladen, welche inwendig hohl gelättelt und verputzt werden. Dieses Projekt stellt sich bei nur 49 m² Baufläche verhältnißmäßig hoch und zwar auf zirka Fr. 4800.—. Wenn Holzverzierungen, Verschaalung der Stube, Kunstwand und Oelfarbenanstrich der Blockwände hinzukommen, auf Fr. 5200.—. Gruppenbau, verglichen mit dem einfach viereckigen Kasten stellt sich immer höher. Man sollte denken, und das ist auch richtig, daß der direkte Eingang in die Küche die Baukosten reduzirt. Bei diesem Projekt ist auch wirklich dadurch gespart, aber dafür ziemlich viel für ein gefälliges Aeußeres verwendet worden, so daß es dennoch auf diesen hohen Betrag gekommen ist.

Im **Projekt III** ohne Nebenstube, mit 51½ m² Baufläche, im Fundament Beton 45/50 Cm. dick, Umfassung Backstein hohl 32 Cm. dick; im Kniestock Riegel 15 Cm. mit Verschaalung. Der Hausgang ist doppelt breit, vielleicht etwas zu breit. Es ist in demselben Platz für die Treppe in den Keller und für diejenige in den Dachstock. Die Wohnstube ist geräumig, gut beleuchtet und verschaalt. Eine Kammer ist etwas zu klein. In der Perspektive ist statt der Stallthüre irrthümlicher Weise ein Fenster eingezeichnet. Baukosten zirka Fr. 4800.—; mit Holzverzierungen, Verschaalung von Stube und Kammern, mit Kunstwand und Vorfenstern im Dachboden Fr. 5200.—.

Projekt IV ganz in Bruchstein unten 45/50 Cm., in der Umfassung 40 Cm., im Dachstock 40 Cm. stark. Bei nur 49½ m² Baufläche hat es trotzdem eine Nebenstube als Schlafzimmer für die Eltern und einen geräumigen Hausgang und Treppen. Der Stall ist im Kellergeschoß. Die Stalldecke ruht auf alten Bahnschienen, zwischen welche Beton eingelegt ist. Die Küche hat einen Boden aus Backsteinplatten, so daß dieser Abschluß des Stalldunstes vollständig genügt. Im Kanton Graubünden liegt der Stall nicht selten unter der Wohnstube und ist doch nicht gewölbt. Die Ragolz- und Enzthalbahn hat für ihre Bahnwärterhäuschen den Stall vielfach ins Kellergeschoß verlegt. Die Wärter versichern, daß sie damit sehr gut zufrieden sind. Der Keller ist sehr groß. Vor der Kellermauer wird eine zirka 70 Cm. hohe Erdanschüttung gemacht. Die Stallthür führt von hinten ein kleiner Einschnitt ins Terrain. Ueber der Küche ist der Raum für Heu. Dieser Raum kann leicht für eine Kammer eingerichtet werden, wenn man z. B. das Heu in einem Stadel aus Bretterwänden irgendwo in der Nähe des Hauses aufbewahren will. Ein solcher Stadel auf 4 Eckpfeilern von Stein ruhend, mit Ziegeldach wird höchstens ein paar Hundert Franken kosten. Als Perspektivzeichnung für dies Projekt dient diejenige von No. VI mit der Ausnahme jedoch, daß No. IV in der ganzen Höhe mit massiven Umfassungsmauern (in Bruchstein) angenommen und daß kein Stall hinten angebaut ist. Das Projekt kann nun zirka Fr. 4000.— (wenn außer der Stube und der Nebenstube auch die Dachkammern verschaalt werden und wenn auch die Kammern Vorfenster haben sollen und eine Kunstwand nicht fehlen darf, um Fr. 4200.—) ausgeführt werden. Es wird daher dasselbe, da Viele großen Werth auf das Vorhandensein einer Nebenstube im Erdgeschoß legen, in den meisten Fällen genügen. Dem nüchternen Aeußern kann durch Spalierlatten ein gefälligeres Ansehen gegeben werden, wie dies die, den Wertplänen beigelegten Ansichten zeigen.

Projekt V mit 62 m² Baufläche, Fundament und Kellermauer in Beton 40 Cm. stark, Umfassung 32 Cm. stark, hohl von Back- oder Cementsteinen, im Kniestock 15 Cm. Riegel und Verschaalung. Dies Häuschen ist geräumig und groß und hat eine Nebenstube. Der Stall ist vollständig getrennt, die Wohnräume frei nach Morgen, Mittag und Abend; die Nebenstube zwar etwas klein, aber leicht zu lüften und zu wärmen. Im Dachstock drei Kammern und eine Plunderkammer, ein Holzraum und eine Rauchkammer. Eine solche sollte nirgends fehlen zur Aufbewahrung von Fleisch bei einem Unfall im eigenen Stall oder in dem eines Nachbarn. Eine der Kammern im Dachstock könnte auch mit einem Ofen versehen werden, wenn dann das eine Bett weggelassen wird. Das Vermiethen wäre eine kleine Nebeneinnahme, sollte aber so wenig wie möglich praktizirt werden, da es viel besser ist, wenn die Familie allein wohnt. Im großen Keller sind auch Cementfässer, die übrigens nur in Beton in der Rechnung angenommen sind. Solche werden, wenn man gerade beim Bauen ist und mit Beton zu thun hat, nur ein Geringes gemacht. Die innere Fläche wird mit Spiegelglas belegt, wofür man sich an die Herren Borjari & Cie. in Zollikon zu wenden hat. Neue Fässer dieser Art kosten inkl. Cement und sehr genau ausgeführte Belegung mit Spiegelglas pr. Hektoliter Fr. 6.—; die Belegung mit Spiegelglas allein Fr. 3.50. Sie sind zur Aufbewahrung von Wein oder von Birnen- und Aepfelmost, sowie für die Bereitung von Wein aus Beeren oder für die Vermehrung von Weinmost durch Zuckerwasser von großem Werth für die Familie. Man kann sich mit Hülfe derselben die immer billiger werdenden Zuckerpreise zu Nutzen machen, indem man darin einen guten Wein zu 20 Cts. per Liter fabrizirt, der im Wirthshaus 55—60 kostet. Hoffentlich wird eine kundige Feder über diesen Punkt in einem spätern Heft sich aussprechen.

Die Kosten dieses Projektes stellen sich auf Fr. 5300.—, und auf Fr. 5500.—, wenn die Wohnräume überall verschaalt, wenn überall Vorfenster verlangt werden, und wenn die Nebenstube eine Kunstwand erhalten soll.

Projekt VI mit zirka 56 m² Baufläche; Bruchsteine im Keller mit 50 Cm., in der Umfassung mit 45 Cm. Dicke, im Kniestock 15 Cm. Riegel mit Täfer; hat einen Vorplatz und guten Raum für die Treppen hinauf und hinab, ist aber ohne Nebenstube. Bei 2.25 M. Etagenhöhe (im mittleren Theil des Dachstockes) ist das Häuschen fast als ein zweistöckiges anzusehen. Dieses Projekt wurde, weil überhaupt nicht übel, besonders aber deswegen aufgenommen, weil ein Häuschen nach diesem Plan in Niedern (oberhalb Netstall) an der Klönthalstraße im Kanton Glarus um die Summe von Fr. 3500.— gebaut worden ist. Dort sollten die Bruchsteine einhäuptig Fr. 8½ pr. m³, zweihäuptig Fr. 10½ (vermauert) kosten. Wer zu solchen Preisen bauen kann, der mag sich übrigens auch bei andern Projekte zu demselben berechnen.

Baukosten zirka Fr. 4400.—; mit Verschaalung in der Stube und Kammern, mit Kunstwand und Vorfenster im Dachstock ca. Fr. 4700.—.

Projekt VII mit zirka 61 m² Baufläche, gehört eigentlich nicht ins Programm, sondern ist eher als eine Beigabe für Solche anzusehen, denen es auf ein paar tausend Franken Mehrkosten nicht ankommt. Hier ist nun das alte Schweizerhaus mit seinen Fenstern in der Stubenecke vertreten. Man wollte an diesem Beispiel auch zeigen, wie das Holzcementdach zu verwenden sei. Zum Unterbau ist viel Platz für den Keller, für den Stall, für eine Werkstatt, oder z. B. für die Einrichtung einer Lohnwaschlerei. Stube und Nebenstube sind größer als in den andern Projekten. Im Dachstock ist noch ein Zimmerchen für einen Gast. Dasselbe hat Ausgang auf beide Lauben. Hier kann der Gast aus der Stadt, wenn das Häuschen hoch und frei gelegen ist, im Ausblick in die weite, grüne Landschaft seines Lebens froh werden. Der Unterbau in Bruchstein ist 45 Cm. stark. Erdgeschoß und Kniestock haben 8 Cm. dicke Blockwände, welche in den Stuben mit einfachem Täfer, in den Kammern mit 3 Cm. starken Schiffsbrettern verschaalt sind. Die Kellerdecke hat Betonguß zwischen den Balken. Die Baukosten belaufen sich ohne Unvorhergesehenes, aber mit Verschaalung in den Stuben und Kammern auf zirka Fr. 6800.—.

Von dem Vorhaben, in diesem Hefte Uebernahmsofferten von Baumeistern für die einzelnen Projekte zu publiziren, mußte abstrahirt werden, weil diese Offerten, insofern der Bauplatz nicht genau bestimmt ist, so verlaufnirt werden, daß sie für den einzelnen Fall keinen Werth mehr haben.

Für diese 7 Projekte mit den Perspektiven und den reduzirten Grundrissen in diesem Schriftchen sind auf Kosten von Herrn **Samuel Schindler** in Lindau sogenannte Werkpläne im Maßstab von 1 : 50 und zwar in den Grundrissen, Quer- und Längenschnitten, Balkenlage, Haupt- und Seitenansichten in jeweilen 10—11 Blättern angefertigt und vervielfältigt worden. Nach denselben kann füglich gebaut werden. Den 10—11 Planblättern für jedes Projekt sind beigegeben: die Perspektive von Prof. Gladbach, eine detaillirte Kostenberechnung und ein für solche Bauten passendes Bedingnißheft sammt einem Formular für den Vertrag zwischen dem Baumeister und dem Baulustigen. Das Bedingnißheft ist vielleicht etwas weitläufig. Es ist aber von größter Wichtigkeit, daß die Bauten korrekt ausgeführt und daß Streitigkeiten, welche ja nie ohne Geld- und Zeitverlust ablaufen, möglichst vermieden werden. Ueber den Bezug dieser Werkpläne für die sieben Projekte gibt eine Notiz auf dem innern Titelblatt Aufschluß. Ich erkläre mich auch bereit, soweit meine Zeit es erlaubt, und so weit ich mir ein Urtheil zutrauen darf, auf frankirte Anfragen (mit eingelegten Postmarken für die Antwort), Auskunft zu ertheilen, resp. Adressen von Baumeistern anzugeben.

Schließlich kommt nun noch die wichtigste Frage, die der Beschaffung des nothwendigen Geldes. Wer zu einem eigenen Haus kommen will, der kann sich diesen Preis, man muß dies immer wiederholen, wie jeden andern im Leben, nur durch ernsten Entschluß zum Arbeiten und Sparen erringen. Er muß sich vorher etwas zusammenlegen. Nun gehts aber damit in den jungen Jahren, wenn die Stube voll kleiner Kinder ist, bekanntlich nur sehr langsam vorwärts. Daß aber trotzdem noch etwas erspart wird, das beweisen unsere Sparkassen, die zahlreiche Einleger haben. Nach den Jahresberichten derselben ist der durchschnittliche Betrag des Guthabens eines einzelnen Einlegers beiläufig Fr. 400. -. Aber damit reicht man noch nicht weit. So lange die Baugenossenschaften bei uns nicht bestehen, könnten unsere Sparkassen segensreiche Dienste leisten. Sie kennen Land und Leute und klagen in ihren Berichten, daß sie keine lohnende Verwendung für ihre Gelder haben. Wenn auf einem Heimwesen außer dem nothwendigen Gemüse für den Sommer und den Winter (für Sauerkraut und dergl.) noch Futter für 2 Ziegen wachsen soll, so braucht es bei gutem Boden und bei sehr intelligenter und fleißiger Bearbeitung allermindestens:

    1 Are für den Hausplatz, Umgebung und Wege;
    3 Aren für Gemüse,
    2 Aren für Frühkartoffeln
  12 „ für Kleegras, als Futter für zwei Ziegen
  14 Aren für Winterkartoffeln
  ―――――
  32 Aren ($^3/_4$ Juchart).

Man sieht, daß eigentlich eine Juchart Land nöthig ist, eine doppelt dringende Mahnung, nur da Land zu kaufen, wo man für sein Geld gutes und möglichst viel Boden bekommt.

Zu einer wirklich rationellen Bepflanzung kann füglich dem Einzelnen durch Wandervorträge und Gemüsekurse von Staatswegen verholfen werden. Es ist ja nur sehr zu wünschen, daß dem Arbeiterstand auch etwas von dem zu Statten kommt, was für die Landwirthe von Bund und Kantonen gethan wird.

Die Juchart kostet bei uns von Fr. 1000.— bis Fr. 2000.—, also durchschnittlich Fr. 1500. -. Um nicht knapp zu rechnen, wollen wir annehmen, es kosten die erwähnten 32 Aren

(zirka 35,000 Quadratfuß)	Fr. 1350.—
die Brunneneinrichtung	„ 170.—
die Anschaffung von zwei Ziegen .	„ 60.—
der Bau eines Häuschens	„ 4200.—
Unvorhergesehenes	„ 120.—
oder zusammen:	Fr. 5900.—
wovon abgehen die vom Mann ersparten	„ 400.—
und somit bleiben:	Fr. 5500.—

Wenn das Land zu einem Preise gekauft worden, welcher seiner bisherigen Ertragsfähigkeit in Wirklichkeit entspricht, so wird die Sparkasse des Bezirkes gegen einen solchen Schuldbrief darauf ungefähr die Hälfte darleihen, also . . . . Fr. 650.—
und auf das Häuschen, in dem Maße, als dasselbe vollendet und gut ausgeführt wird, ungefähr $^2/_3$ der Baukosten (resp. der Assekuranzsumme), mit zirka . . . . „ 2850.—

                    Zusammen: Fr. 3500.
        so daß also noch fehlen: „ 2000.
                             Fr. 5500.

— 12 —

Ehe nun Einer mit dem Bau beginnen kann, muß er wissen, ob ihm die Sparkasse gegen Verpfändung von Land und Haus und gegen genügende Sicherheit für den nicht baumäßig gedeckten Theil (Fr. 2000.—) den ganzen Betrag von Fr. 5000.— weniger die von ihm angezahlten Fr. 400.— unter gewissen Bedingungen darleihen wird. Diese Bedingungen wären ungefähr folgende: die Sparkasse bezahlt dem Landverkäufer die Summe, die ihm der Käufer über die Anzahlung hinaus noch schuldig geblieben und verspricht dem Baumeister die Bezahlung der Kosten für den Hausbau in kontraktlich stipulirten Raten zu übernehmen. (Siehe Vertragsformular bei den Werkplänen.) Sowohl der Boden als das Haus bleiben Pfand der Sparkasse, welche darauf zwei Schuldbriefe ausstellen läßt und zwar den ersten im Betrag von Fr. 3500.— und den zweiten von Fr. 2000.—. Beide sind der Kasse zu 4% zu verzinsen und für den Betrag derselben ist jährlich, jedoch nur so lange bis der zweite Brief abbezahlt ist, 1% Provision zu bezahlen. An diese Schuldbriefe sind monatlich Fr. 35.— für Zins, Provision und Amortisation zu entrichten in dem Sinne, daß an dem ersten Schuldbriefe so lange nichts abbezahlt wird, bis der zweite ganz getilgt ist. Auf diese Weise ist die Schuld, wie die beigefügte Abzahlungstafel zeigt, in 10—11 Jahren bis auf den Betrag des ersten Briefes (Fr. 3500.—) getilgt. Die Provision von 1% an die Bank auf die Dauer von beiläufig 10 Jahren ist gerechtfertigt, theils durch die Bemühung für die Controle und den Verkehr mit dem Baumeister während des Baues, theils für die Aufsicht während der spätern Zeit. Auch die Besorgung des Inkasso und die Skripturirung der monatlichen Abzahlungen verursacht der Bank Mühe und Kosten, abgesehen von den Umständlichkeiten mit den Garanten für den nicht genügend gedeckten zweiten Brief. Was nun diese letzteren betrifft, darf man freilich als geltend machen, daß das Risiko für den zweiten Brief nicht sehr groß sein kann, wenn die Sparkasse ein solches Darleihen nur einem notorisch fleißigen und sparsamen Manne bewilligt, welcher selbst schon Fr. 400.— ins Heimwesen gesteckt hat. Ferner wird die Sparkasse nur dann Geld auf den zweiten Schuldbrief geben, wenn sie den Preis für das Land und die Bausumme vor dem Abschluß nicht zu hoch findet. Dazu kommt, daß der Werth des Pfandes bei sorgfältiger Instandhaltung des Hauses und guter Bodenbearbeitung mit jedem Jahr zu-, die Schuld mit jeder Abzahlung abnimmt.

Trotzdem muß aber eine Sparkasse für vollständige Sicherstellung des zweiten Briefes noch Bürgschaft verlangen. Das Aufsuchen von zwei Bürgen bleibt aber immer eine mißliche Sache für Denjenigen, welcher nicht irgend einen vermöglichen Bekannten oder Verwandten hat. Diese Garantie könnte nun entweder der Industrielle, welcher viele Arbeiter beschäftigt, dem deßhalb auch eine solche Aufgabe am ehesten zukommt, oder je in einem Bezirk ein Consortium wohlhabender Männer, oder endlich eine Baugenossenschaft übernehmen. Wenn eine solche Genossenschaft während mehrerer Jahre durch Beiträge ein Capital zusammengelegt hat, so kann sie es der Bank als Sicherheit zuweisen, oder auch den zweiten Brief selbst übernehmen, wobei die Einlagen der Genossen mit der Provision, die von dem Schuldner bezahlt werden muß, gut verzinset würden.

Angenommen, es habe Einer auf diese oder jene Weise der Bank die verlangte Sicherheit gegeben, so handelt es sich nun darum, den Betrag des zweiten Briefes so rasch als möglich abzutragen. Dies muß durchaus in monatlichen Raten geschehen; denn wenn Einer die monatlichen Raten nicht bezahlt, so fällt ihm das Bezahlen des zwei- und dreifachen Betrages (besondere Verhältnisse ausgenommen) noch viel schwerer. Bei einer monatlichen Abzahlung von Fr. 35.— dauert es, wie man auf der Abzahlungstafel sieht, immer noch 10—11 Jahre bis die Schuld auf den Betrag des ersten Schuldbriefes (Fr. 3500.—) abgetragen ist.

Abzahlungstafel.

Gegenseitig 5%. Der Bank 4% und 1% Provision.

	Fr.	Fr.
Kosten von Haus und Land	5000.—	
Anzahlung	400.—	
Schuld bei der Uebernahme		5500.—

I. Jahr.

	Fr.	Fr.
Schuld bei der Uebernahme		5500.
Dazu 5% Zins von dieser Summe 12 monatliche Abzahlungen à Fr. 35.— . . . Fr. 420.—	275.—	5775.—
5% Zins für diese „ 9.60 (bleibt sich alle Jahre gleich)		429.60
Schuld am Ende des I. Jahres		5345.40

II. Jahr.

	Fr.	Fr.
Schuld am Anfang des II. Jahres		5345.40
Dazu 5% von dieser Summe	267.30	5612.70
Abzahlung und Zins wie oben		429.60
Schuld am Ende des II. Jahres		5183.10

III. Jahr.

	Fr.	Fr.
Schuld am Anfang des III. Jahres		5183.10
Dazu 5% Zins	259.15	5442.25
Abzahlung und Zins wie oben		429.60
Schuld am Ende des III. Jahres		5012.65

IV. Jahr.

	Fr.	Fr.
Schuld am Anfang des IV. Jahres	5012.65	
Dazu 5% Zins	250.65	5263.30
Abzahlung und Zins wie oben		429.60
Schuld am Ende des IV. Jahres		4833.70

V. Jahr.

	Fr.	Fr.
Schuld am Anfang des V. Jahres		4833.70
Dazu 5% Zins	241.70	5075.40
Abzahlung und Zins wie oben		429.60
Schuld am Ende des V. Jahres		4645.80

VI. Jahr.

	Fr.	Fr.
Schuld am Anfang des VI. Jahres	4645.80	
Dazu 5% Zins	232.30	4878.10
Abzahlung und Zins wie oben		429.60
Schuld am Ende des VI. Jahres		4448.50

VII. Jahr.

	Fr.	Fr.
Schuld am Anfang des VII. Jahres	4448.50	
Dazu 5% Zins	222.45	4670.95
Abzahlung und Zins wie oben		429.60
Schuld am Ende des VII. Jahres		4241.35

VIII. Jahr.

	Fr.	Fr.
Schuld am Anfang des VIII. Jahres	4241.35	
Dazu 5% Zins	212.05	4453.40
Abzahlung und Zins wie oben		429.60
Schuld am Ende des VIII. Jahres		4023.80

IX. Jahr.

	Fr.	Fr.
Schuld am Anfang des IX. Jahres	4023.80	
Dazu 5% Zins	201.20	4225.—
Abzahlung und Zins wie oben		429.60
Schuld am Ende des IX. Jahres		3795.40

X. Jahr.

	Fr.	Fr.
Schuld am Anfang des X. Jahres	3795.40	
Dazu 5% Zins	189.75	3985.15
Abzahlung und Zins wie oben		429.60
Schuld am Ende des X. Jahres		3555.55

XI. Jahr.

	Fr.	Fr.
Schuld am Anfang des XI. Jahres	3555.55	
Dazu 5% Zins	177.80	3733.35
Abzahlung und Zins wie oben		429.60
Schuld am Ende des XI. Jahres		3303.75

Vom eilften Jahr an ist somit der erste Schuldbrief nur noch mit 4% zu verzinsen, da die Provision wegfällt. Für die folgenden Jahre stellt sich demnach die Rechnung schon günstiger und zwar für das zwölfte wie folgt:

XII. Jahr.

	Fr.	Fr.
Schuld am Anfang des XII. Jahres	3303.75	
Dazu 4% Zins	132.15	3435.90
Abzahlung und Zins wie oben		429.60
Schuld		3006.30

Der Betrag, den ein Mann für diese monatliche Abzahlung von Fr. 35. — resp. Fr. 420. — im Jahr braucht, setzt sich zusammen:
1. Aus dem Miethzins, der doch wohl für ein ganzes Haus nicht zu hoch angeschlagen ist, mit Fr. 250. —
2. Dem Werth von beiläufig 30 Zentnern Kartoffeln à Fr. 3. — . . . „ 90. —
3. Dem Werth von Sommer- und Wintergemüse . . . . . . „ 60. —
4. Dem Werth von zirka 700 Liter Ziegenmilch à 15 Cts. . „ 105. --

Fr. 505. —

Diese Ansätze sind nicht zu hoch, und bestehen lediglich aus solchen Posten, die ein Familienvater ohne Häuschen und Land so wie so baar ausgeben muß. Durch Mästen eines Schweines oder durch Kaninchenzucht kann auch noch ein Stück Fleisch gewonnen werden.

In der Abzahlungstafel ist zudem nur ein Betrag von Fr. 420. — als jährliche Abzahlung in Rechnung gebracht worden, so daß immerhin noch eine kleine Summe für Bestreitung der Bahnkosten und Anderem übrig bleibt.

Mit der regelmäßigen Abzahlung dieser Fr. 420. -, welcher Betrag, wie man in der Abzahlungstafel sieht, dem Schuldner von der Sparkasse zu 5 % oder Fr. 9.60 bei pünktlicher Entrichtung verzinset wird, ist wie schon gezeigt, der zweite Schuldbrief in zehn bis eilf Jahren abgetragen und der Besitzer ist ein absolut unabhängiger Mann. Den ersten Brief mag er nach seinem Belieben stehen lassen oder nicht, derselbe wird in der Regel nicht höher als mit 4 % zu verzinsen sein und es wäre jederzeit leicht, Geld auf das Heimwesen zu bekommen, wenn der Brief gekündet würde.

Deßhalb wurde die Abzahlungstafel für diesen ersten Brief auch gar nicht weiter fortgeführt.

In Mülhausen, hier in Zürich und an andern Orten, wo Miethhäuser käuflich erworben werden, ist die Erfahrung gemacht worden, daß der erste Schuldbrief, nachdem einmal der zweite abgezahlt ist, in kürzerer Zeit getilgt wurde, als man nach den Abzahlungstafeln annahm. Die Zeit der schwierigsten Jahre liegt eben auch hier im Anfang. Es kann daher nie zu viel empfohlen werden, die ersten paar tausend Franken so regelmäßig und so rasch als möglich abzutragen. Der Kapitalzins wird dadurch von Jahr zu Jahr kleiner, und die heranwachsenden Kinder können mit ihrem Verdienst nachhelfen. Sind die Letzteren dann selbständig geworden, so sollen sie sich rechtzeitig etwas zusammen sparen, um, das Beispiel des Vaters nachahmend, sich selbst einmal ein Heimwesen zu gründen. Der Betrieb eines solchen Gütchens ist eine Schule für die Mädchen im Gemüsebau und ist nützlich für die Söhne, wenn sie einmal auswandern wollen.

Vergesse man aber nie, daß alles wirthschaftliche Gedeihen nichts heißen will, wenn es am Segen von Oben fehlt, wie das Herr Pfarrer Miescher in St. Gallen in dem folgenden Sätzlein so richtig sagt:

Der Segen.

„Es ist etwas Geheimnißvolles um den Segen. Man kann in Worten nicht wohl ausdrücken, was er ist, und doch ist er an Allem die Hauptsache. Der Segen ist es, der macht, daß du gedeihst bei deinem täglichen Brot, es ist nicht das Brot selbst; denn viele haben Brots die Fülle und ist doch kein Gedeihen. Der Segen ist es, daß dein Vermögen ausreicht und du kannst zufrieden und fröhlich sein; denn Manchem langts nicht und er muß darben und kümmern, ob er wohl ein viel größeres Vermögen hat. Der Segen ists, der dein Haus wohnlich und das Leben darin behaglich macht. Wo der Segen daraus weicht, wird dasselbe Haus mit den gleichen Möbeln und Einrichtungen und mit denselben Bewohnern zur unheimlichen Stätte und das Leben darin zur Pein. Der Segen ist's, der dir dein Arbeiten zur Lust werden läßt, nicht etwa der große, äußere Erfolg; man kann vor der Welt glänzende Erfolge haben, und es ist Einem doch nicht wohl dabei; man hat vielmehr fortwährend das Gefühl des Kindes, welches seine Seifenblasen bewundert, aber jeden Augenblick fürchten muß, daß sie zerplatzen. Der Segen ist es, der auch das Wort Gottes an dir fruchtbar sein läßt; dasselbe Wort Gottes kann einmal an uns vorübergehen, ohne irgend eine Bewegung hervorzurufen, und das andere Mal gießt es eine Fülle von Licht und Kraft aus in unser Herz.

— 15 —

Das ist der Segen, daß man alles im Herrn thut und hat. Da genießt man sein Brod mit herzlicher Danksagung, denn lebt man so wohl daran. Da kann man sich an der Gnade genügen lassen; denn ist man so reich bei geringem Gut; da ist des Herrn Geist, der Alles ordnet, fügt, schlichtet, weiht, verklärt, drum geht es still, so lieblich zu im ganzen Hause; da legt man seine ganze Liebe und Treue in jegliches, auch das geringste Thun und Jeder von uns kennt den Unterschied einer Arbeit, die mit Liebe und Treue gethan ist und derjenigen, die aus Zwang hervorgeht; da ist das Herz im Gebet erschlossen, ein gut und fruchtbar Erdreich und der Ewigkeitssame, der hineinfällt, kann nicht stille liegen, sondern muß keimen, grünen und Früchte bringen. So, l. Christ, verachte es nicht, wenn am Schluß jedes Gottesdienstes dir der Wunsch entgegengebracht wird: „Der Herr segne dich", sondern greif zu. So ihr mich von ganzem Herzen suchen werdet, will ich mich von euch finden lassen, spricht der Herr."

Für ein nächstes Heft sind uns verschiedene Arbeiten versprochen und zwar über Zwergobstbau, Ziegen, Futterbau, Hühnerzucht, Nebenverdienste, Weinvermehrung und Anderes. Vor Allem aber soll darin Bericht erstattet werden über errichtete Häuschen, resp. Heimwesen und über das, was uns an neuen Vorschlägen auf diesem Gebiete mitgetheilt wird. Wir betrachten die hier vorgelegten Arbeits-Pläne lediglich als einen Anfang, als Anregung, welche der Bildung von Baugenossenschaften rufen und dieselben mit dieser bescheidenen Vorarbeit unterstützen möchte. Namentlich bitten wir uns guten Rath und Belehrung nicht vorenthalten zu wollen, sondern die Sache zu fördern nach Geibels Wort:
        „Das ist die beste Kritik von der Welt,
        Wenn neben das, was ihm mißfällt,
        Einer was Eigenes, Besseres stellt."
Schreiber dies gedenkt gut ausgeführte Häuschen mit tüchtig bebautem Land, soweit ihm solche Unternehmungen bekannt werden, mit Reben, Zwergbäumchen und dgl., oder auch mit etwas Geld zu prämiren; ausgeschlossen davon sind Spekulationsunternehmungen jeder Art.

C. Schindler-Escher.

Ueber die Wahl der Baustelle
für billige Arbeiterhäuser.

Die Uebelstände, welche in den Wohnungsverhältnissen der Arbeiter in den größeren Städten, speziell in Zürich, bestehen, führten zur Ausarbeitung von Projekten für die Erstellung billiger, den Anforderungen wohlgeordneter Arbeiterfamilien entsprechenden Wohnhäuser. Diese Projekte sollen die Familienväter in den Stand setzen, eigene Wohnhäuschen erstellen zu lassen, ohne an Spekulanten Provisionen bezahlen zu müssen.

Ein eigenes Wohnhaus ist zwar schon für sich allein geeignet, das Gefühl des Geborgenseins zu wecken, zum wahren Heim wird es aber erst, wenn es von einem Garten umgeben ist, in dem sich seine Bewohner frei bewegen und einen Theil der Lebensmittel mit eigener Hand bauen und ernten können.

Auf das Vorhandensein eines Gartens beim Haus ist ein großer Werth zu legen, er bietet der Frau und den Kindern Gelegenheit zu einer gesunden, lohnenden Beschäftigung und macht den Besuch der Fabrik durch die Frau unnöthig, ermöglicht also ein eigentliches Familienleben und eine sorgfältige Kindererziehung.

Soll beim Haus noch ein Garten angelegt werden, dann wird es, wenn der Ankaufspreis durch den Ertrag verzinset werden soll, nöthig, den Bauplatz an einem Orte zu wählen, an dem die Bodenpreise nicht zu hoch sind, also in einiger Entfernung vom dicht bevölkerten Arbeitszentrum. Es hat das auch anderweitige große Vortheile und die Ansicht der Gründer der vorliegenden Projekte geht entschieden dahin, daß ihre Absichten nur dann vollständig erreicht werden, wenn man die Häuser außerhalb des städtischen Gebräuchen unterstellten Gebietes baut.

Dem steht auch gar kein Hinderniß entgegen. Die Arbeitszeit ist so normirt, daß für die Reise zum und vom Arbeitslokal am Morgen und Abend eine halbe bis eine ganze Stunde verwendet werden kann, ohne die unentbehrliche Erholungs- und Ruhezeit zu stark zu schmälern und durch die nach den großen Städten führenden Eisenbahnen ist die Möglichkeit gegeben, ohne größeren Zeitaufwand und ohne große Kosten nach doppelt so weit entfernten Orten zu gelangen. Es bleibt demnach für die Wahl der Baustelle, wenn das städtischen Gebräuchen unterworfene Gebiet einen Durchmesser von $^3/_4$ Stunden hat, rund um Letzteres ein Ring von mehr als $1^1/_2$ Stunden Breite, von dem der innere, eine halbe Stunde breite Theil auch in den von Eisenbahnen oder Wasserstraßen nicht durchschnittenen Gegenden benutzbar ist.

Bei der Wahl der Baustelle kommt aber nicht nur die Entfernung vom Arbeitslokal, sondern auch deren Lage und Form, die Beschaffenheit der Bodenoberfläche und des Bodens, die Größe der zu erwerbenden Fläche sowie der Preis derselben und der Baumaterialien in Betracht.

Rücksichtlich der Lage ist vor Allem darauf zu sehen, daß der Bauplatz an einem fahrbaren Weg — wenn auch nur Feldweg — liege und daß sich in der Nähe ein Brunnen befinde oder ohne große Kosten ein solcher oder ein guter Sood erstellt werden könne. Ohne Zufahrt und Wasser ist der wohlfeilste Bauplatz zu theuer. — Ob er etwas näher oder entfernter vom Dorf oder der Eisenbahn-Station liege, hat wenig zu bedeuten.

Bauplatz und Garten sollen eben liegen oder doch nur schwach geneigt sein. Die Neigung gegen die Sonne (Südost, Süd und Südwest) ist der entgegengesetzten vorzuziehen. Schutz gegen rauhe Winde und freier Zutritt der Sonne sind für Haus und Garten von hohem Werth.

Die rechtwinklige Form des zu erwerbenden Grundstücks verdient vor der schiefwinkligen oder unregelmäßigen den Vorzug, weil sich bei ersterer der Boden in leichtester Weise vollständig ausnutzen läßt. Je mehr sich die Form dem Quadrat nähert, desto besser; nie darf das Grundstück so schmal sein, daß rechts und links neben dem Haus nicht noch so viel Raum frei bleibt, als für einen ganz unbeengten Verkehr nöthig ist.

Dem in guter Kultur stehenden humusreichen, tiefgründigen, frischen, fruchtbaren Boden gebe man den Vorzug, ein bisher wenig gedüngter, roherer Boden ist jedoch nicht auszuschließen, doch darf er nicht flachgründig, nicht zu bindig oder zu locker und nicht naß sein. Durch fleißige Bearbeitung und richtige Düngung läßt sich ein roher aber mineralisch kräftiger Boden rasch verbessern, Flachgründigkeit, Nässe und allzustarkes Vorherrschen von Thon oder Sand und Kies lassen sich dagegen nur mit großen Kosten unschädlich machen.

Die Größe der zu erwerbenden Fläche hängt davon ab, ob mehr oder weniger Pflanzland vorhanden sein soll. Da es wünschbar erscheint, daß nicht nur das unentbehrliche Sommergemüse, sondern auch Kartoffeln, Kohl, Obst ꝛc. für den Winter erzogen, und eine Ziege, vielleicht auch ein Schwein gehalten werden könne, so ist darauf Bedacht zu nehmen, ein Stück Land von 20–25 Aren — 2 bis 2½ Viertel-Jucharten — zu erwerben. Die Bebauung einer so großen Fläche bietet Frau und Kindern ausreichende Beschäftigung und reicht bei intensiver Benutzung zur Erfüllung der oben bezeichneten Wünsche aus. Wer nur für eine freundliche Umgebung des Häuschens und die Ermöglichung der Erziehung der Sommergemüse sorgen will, kann mit 8—10 Aren oder einer Viertel-Juchart auskommen.

Trotz der gesunkenen Güterpreise wird der Ankauf einer den gestellten Anforderungen an Lage und Boden genügenden Baustelle — je nach der Größe — eine Ausgabe von 500 bis 1000 Fr. erfordern. Der Käufer darf aber hoffen, daß der Kaufpreis — namentlich der größere — durch den Ertrag reichlich verzinset werde und daß Frau und Kinder bei der ihnen durch die Bebauung des Landes gebotenen Beschäftigung und der demselben entstammenden Nahrung körperlich und geistig gesund bleiben.

Die Eintheilung und Benutzung des Landes anbelangend ist Folgendes zu beachten:

Das Häuschen stelle man an den von der Zufahrtstraße aus am leichtesten zugänglichen Platz und zwar so, daß die Wohnräume der Sonne zugekehrt sind. Man sorge für Letzteres, auch dann, wenn in Folge dessen die Aussicht auf die Straße ganz oder theilweise verloren geht. Den sonnigen Seiten des Häuschens dienen Obstbaumspaliere zur Zierde. Zwischen Straße und Haus lasse man einen Raum von 4—6 Meter Breite, der als Blumengärtchen zu benutzen ist, wenn er auf der sonnigen Seite liegt, als Hofraum, wenn er schattig ist. Im letzteren Fall lege man das Blumengärtchen auf die der Straße abgekehrte Seite des Wohnhauses, in der Regel also vor die Fenster der Wohnräume.

Den geschütztesten Theil des von Haus, Hofraum und Blumengärtchen nicht in Anspruch genommenen Landes behandle man als Gemüsegarten, der bei rechtwinkliger Form durch zwei sich kreuzende Wege in vier Beete zu theilen ist. Je nach der größeren oder geringeren Neigung zur Erziehung von feinerem Sommergemüse gebe man dem Gemüsegarten einen Flächeninhalt von 2 bis 4 Aren — zirka 2000—4000 Quadratfuß.

Den Rest des Landes behandle man als Pflanzland und baue auf demselben in zweckentsprechendem Wechsel Kartoffeln, Kohl, Rüben und Bohnen als Nahrungsmittel, Gras, Klee und Runkeln als Ziegenfutter, reservire auch einen Platz zur Erziehung von Erd-, Him-, Johannes- und Stachelbeeren. Den größeren Theil des Pflanzlandes verwende man zugleich als Obstgarten, pflanze also auf demselben Obstbäume und zwar am besten in Buschform und schwachtreibenden Hochstämmen.

Auf diese Weise kann ein Heim geschaffen werden, das Mann, Weib und Kind erfreut, Glück und Zufriedenheit bringt und zum größten Segen der Familie gereicht.

Die Preise der Baumaterialien üben auf die Baukosten einen großen Einfluß, vor allem aus kommen, der Transportkosten wegen, die Steine in Betracht, man thut daher gut, bei der Wahl des Bauplatzes auch die Bezugsquelle für die Baumaterialien in's Auge zu fassen. Je wohlfeiler dieselben angekauft und auf die Baustelle befördert werden können, desto weniger kostet der Bau und desto rathsamer ist es, unter sonst gleichen Verhältnissen, sich in den Gegenden anzusiedeln, in denen gutes Baumaterial billig zur Baustelle geschafft werden kann.

Zürich und seine Umgebung sind in dieser Beziehung nicht günstig gelegen, die Baumaterialien, namentlich die Steine, sind, wenn man sie in guter Qualität verlangt, überall theuer, die Rücksicht auf den Preis der Baumaterialien übt daher keinen wesentlichen Einfluß auf die Wahl der Baustelle.

Faßt man die Beschaffung von Wohnhäusern für die in Zürich und seiner nächsten Umgebung beschäftigten Arbeiter unter Berücksichtigung aller auf die Wahl der Baustelle Einfluß übenden Verhältnisse in's Auge, so dürften für die Erstellung von Häusern mit Gärten und Pflanzland folgende Gegenden in Betracht kommen:

1. Die entlegenen Theile der Außgemeinden Zürichs und die der Stadt zugekehrten Seiten der an dieselben grenzenden Landgemeinden. Ein etwas höherer Preis des Landes würde ausgeglichen durch das Wegfallen der Fahrtaxen und den erleichterten Verkauf von allfällig entbehrlichen Gartenprodukten.
2. Die Gebiete der Gemeinden Albisrieden, Birmensdorf, Altstetten und Schlieren, theils aus den eben erwähnten Gründen, theils mit Rücksicht auf das Vorhandensein von Bauplätzen in der Nähe der Bahnstationen.
3. Seebach, Schwamendingen, Wallisellen, Dietikon und Affoltern bei Höngg mit zum größten Theil günstigen Eisenbahnverbindungen.
4. Wytikon, namentlich die untern und die gegen den Ablisberg gelegenen Theile, sowie die Gegend zwischen Uitikon und Ringlikon.
5. Die Gegend zwischen dem Uetliberg und den 3 großen Ziegelbrennereien.
6. Effretikon, wohin man sowohl von Zürich als Winterthur gelangen kann.

Daß Ansiedelungen in größeren, zusammenhängenden Gruppen mit Rücksicht auf den Ankauf des Landes, die Erstellung von Straßen und Brunnen ꝛc. mancherlei Vortheile bieten würden, braucht kaum besonders hervorgehoben zu werden.

El. Landolt.

Anleitung
zum
möglichst vortheilhaften Anbau eines Gemüsegartens und eines Stückes Pflanzland.

Lieber Leser!

Damit wir von vornherein auf freundschaftlichem Fuße mit einander verkehren, erlaube ich mir ein freundliches „grüß Gott" zu melden und das trauliche „du" in Anwendung zu bringen; steht man sich ja so ungleich näher und der Zweck, den das ganze Unternehmen: der arbeitenden Bevölkerung in Fabriken und Städten ein freundliches, heimeliges „Klein aber mein" zu schaffen im Auge hat, rechtfertigt wohl einen vertraulichen Ton. „Klein aber mein" also ein eigenes Heim! — was liegt nicht alles in diesen Worten! wie liegen in ihnen nicht die Keime zu frohem, freudigem Streben und Leben für dich und die ganze Familie!

Nicht wahr, wenn du an einem schönen Sonntag dich auf's Land begibst und ein rebenumkränztes Häuschen mit fröhlichen, gesunden Menschen, mit wohlgepflegtem Garten, fruchtbeladenen Bäumen, saftigen Gemüsen und gackernden Hühnern erblickst, so mußt du dir sagen: o, wie schön; o, wenn ich so ein „Heim" mein eigen nennen könnte, wie viel lieber würde ich des Lebens Mühe und Last tragen, wie glücklich wären Mutter und Kinder, wir alle! Gewiß würdest du dich in durch eigene Thatkraft und eisernem Fleiß erworbenem „Heim" viel heimischer und glücklicher fühlen, als auf dem Pflaster der Stadt mit seinem dumpfen Lärm und den kaum zu bemeisternden Ansprüchen an deinen oft kleinen Verdienst. Und welch ein Segen müßte das Wohnen darin für deine Kinder in erzieherischer Hinsicht sein! Der Eltern heiligste Pflicht ist es, ihre Kinder zu guten Christen, braven und tüchtigen Menschen zu erziehen. Besser als Geld und Gut ist für die Kinder ein Schatz edler Grundsätze, die Erziehung zu schlichter Frömmigkeit, einfachem Sinn, Wahrheit, Arbeitsamkeit und Tugend. Wo nun hält es sich leichter dies für sie zu erringen, im Getriebe des Stadtlebens mit seinen Reizen und Versuchungen, in Verhältnissen, die Vater und Mutter zugleich in die Fabrik oder Werkstatt Tag für Tag, von Morgen bis Nacht rufen, so daß sie die Ihrigen leidlich füttern, aber nicht leiten und führen, nicht erziehen können — oder in stiller Ländlichkeit, wo einfachere Sitten heimisch, die Ansprüche an Kleidung und Vergnügen noch nicht so ausgeprägt, so zwingend sind, wo bescheidene und edle Freuden in Garten und Wiese, in Feld und Wald dir winken, wo schlimme Gesellschaft nicht so verlockend den Kindern sich naht? Die Antwort hierauf kann nicht zweifelhaft sein, du wirst mit mir sagen, gewiß könnte ich auf eigenem Grund und Boden, abseits vom städtischen Getriebe meinen Kindern mehr und besseres bieten. Dieser eine Punkt — er wiegt so schwer; dieser eine Punkt allein, — sofern er verwirklicht werden kann, und ich hoffe es, — ist für dich, für die Deinen, für die Heimat, für das Gedeihen des öffentlichen Lebens von größter Bedeutung. Ja Freund! Vater deiner Kinder! bedenke was darin liegt, ein eigenes „Heim" zu besitzen, unter eigenem Dache zu leben, einen guten Hausgeist zu pflanzen und das Bewußtsein zu haben, durch meinen Fleiß, durch meine Beharrlichkeit habe ich den Meinen eine wohnliche Stätte bereitet, in der Einfachheit, Genügsamkeit, Fleiß und Treue walten und die uns, wenn auch ein bescheidenes, doch sicheres Obdach gewährt. Aber auch in ökonomischer Richtung hat das „Klein aber mein" entschiedene Vortheile. Der Jammer und die Klage ertönt selbst von ordentlich gestellten Leuten, daß das Leben einer Familie in städtischen Verhältnissen, wo alles Brod, alle Milch, alles Fleisch, jede Kartoffel, jeder Salat, jede Bohne, jedes Obst und jedes Gewürz, überhaupt all und jedes Nahrungsmittel gekauft werden muß, außerordentliche Opfer erheische, die vom arbeitenden Manne oft nicht in zureichendem Maße aufgebracht werden können und so arme Leute zu einer Ernährung zwingen, die als ungenügend und mangelhaft bezeichnet werden muß. In Folge davon werden die Kinder schwächlich, bleich, hohlwangig, körperlich verkümmert, geistig und gemüthlich niedergedrückt. Und Vater und Mutter? Ihr Leben ist ein saures und schweres, ihre Arbeitskraft wird vor der Zeit aufgezehrt und mit Schmerz und Sorge müssen sie an ihre Kinder und deren Zukunft denken ohne ihnen den Lebensweg ebnen zu können. Das ist soziales Elend, soziale Noth, die schreiend Hülfe verlangt. Und dieser Hülfe will das „Klein aber mein" anstreben.

Zu jedem Häuschen sollen zirka 25 Aren (25,000 □') Land erworben werden. An diesen Erwerb knüpfen sich für dich die größten Hoffnungen. Das Land in Garten umgewandelt soll nicht bloß dir und den Deinen für das ganze Jahr frisches, gutes und wohlfeiles Gemüse, Kartoffeln und Obst liefern, es soll dir, richtig bearbeitet und gut gepflegt, ermöglichen, eine oder zwei Ziegen, ein Schwein und Hühner zu halten, zudem sollte es möglich werden, durch Verkauf von Erzeugnissen Gemüse, Beerenfrüchte ꝛc. — dir etwas Baargeld zu verschaffen. Ist dies nicht eine Aussicht, die deinen Muth heben, deinen Willen stählen muß? Allerdings erfordert die Sache, wenn man des Erfolges sicher sein will, energische Thätigkeit, sichern Blick und unermüdliche Ausdauer.

Durch das „Klein aber mein" wird ferner erreicht, daß deine Frau, die Mutter der Kinder, nicht mehr dem Verdienste außer dem Hause nachgehen muß; ihr und den Kindern fällt zunächst die Besorgung des Landes zu und das hilft mit, die Mutter gesund und fröhlich zu erhalten, das gibt die so dringend wünschbare Gelegenheit, die Kinder zweckmäßig zu beschäftigen, sie zur Sparsamkeit und zu reger Thätigkeit zu erziehen, ihren Geist zu wecken, den Körper zu tummeln, daß die Wangen roth und frisch werden, daß Lebenslust und Lebensfreudigkeit an Stelle des Mißmuthes, der Schlaffheit und der Frühreife treten. Noch ließe sich vieles im Allgemeinen für die schöne Idee und die Wohlthat ihrer Verwirklichung sagen; allein wir müssen uns der Hauptaufgabe: der Anlage des Gartens und seiner Pflege zuwenden.

1. Größe und Lage. Für den Gemüsegarten im engern Sinn des Wortes genügt eine Fläche von 3—5 Aren (3000—5000 □'). Er soll möglichst vor den kalten Nord- und Westwinden geschützt sein, sei es durch Bodenerhebungen, Gebäude oder künstliche Mittel. Als beste Lage ist die südöstliche anerkannt, da sie der Sonne und den wärmeren Luftströmungen freien Zutritt gestattet. Immerhin läßt sich auch in nicht gerade günstigster Lage in lohnender Weise Gemüse ziehen. Der Gemüsegarten soll möglichst eben liegen; denn nur in ebener Lage kann das befruchtende Regenwasser den Pflanzen in vollem Umfange zugeführt werden, ebenso ist sie vortheilhaft beim Begießen. Nun gibt es aber Verhältnisse, wo der Garten ohne große Erdbewegung nicht horizontal angelegt werden kann und da muß man sich denn nach Möglichkeit einrichten. Ist die Lage geneigt, so soll sich diese nach Osten, Süden oder Westen richten, eine rein nördliche Lage kann nicht empfohlen werden. Daß der Garten in unmittelbarer Nähe der Wohnung sein soll, leuchtet gewiß ein. Einmal erleichtert dies die Arbeit ungemein, dann sind die Produkte vor diebischen Händen sicherer und der Familie bietet sich leicht eine schöne Erholung.

2. Der Boden. Man spricht in bäuerlichen Kreisen von leichtem und schwerem Boden. Leicht nennt man denjenigen Boden, der vorherrschend sandig oder kiesig und daher leicht zu bearbeiten ist, schwer den zähen, bindigen, die Bearbeitung bei nassem und trockenem Wetter erschwerenden Thonboden. Beim erstern verliert sich der Dünger rasch in die Tiefe, bleibt also zum Theil ohne Wirkung, in trockener Zeit riskirst du, daß dir auf ihm die mit Mühe angebauten Pflanzen zu Grunde gehen, oder aber du mußt viel Zeit auf das Begießen verwenden. Der Thonboden ist kalt, läßt das Wasser nicht durch, erschwert die frühe Bestellung und fordert Dünger, der sein Gefüge lockert, bietet also bedeutende Schwierigkeiten. Leichten Boden kann man durch Aufführ und Mischung mit schwerem und diesen durch Mengung mit leichtem Boden ertragsfähiger machen; die Verbesserung (Melioration) erfordert aber viel

Arbeit und Kosten. Ist der Boden naß, so hilft am sichersten die Entwässerung vermittelst Thonröhren, die Drainage. Kommt dann dazu ein tiefes Umgraben und Lockern, so wird ein solches Grundstück für die Kulturen sehr dankbar. Die Graben für die Entwässerung müssen sich nach dem größten Gefälle richten, dürfen nicht mehr als 15 M. von einander abstehen und sollen mindestens 1,5 M. tief gemacht werden. Je gründlicher das überschüssige Wasser abgeleitet wird, desto besser ist es für die Gemüseanlage, desto leichter können Luft und Wärme, diese Hauptbedingungen für günstiges Gedeihen unserer Pflanzen, in den Boden eindringen, desto sicherer wirkt der befruchtende Regen und um so leichter läßt sich das Grundstück bearbeiten. Andere bodenverbessernde Mittel für kalten, strengen Thonboden sind die Aufsuhr von gebranntem Kalk, Mergel, Asche aller Art und Straßenabraum. Der letztere ist oft ganz billig zu haben und leistet vorzügliche Dienste.

3. **Das Wasser.** Ohne Wasser ist Gemüsebau unmöglich. Bekanntlich entwickeln sich die Gemüse sehr rasch und zu dieser raschen Entwickelung ist genügend Wasser die erste Bedingung. Wer Gemüse pflanzen will, hat demnach bei Anlage des Gartens auch auf unöglichst nahe gelegenes Wasser Rücksicht zu nehmen. Ihm kommt die Aufgabe zu, den Dünger aufzulösen, die Pflanzennahrung in Verbindung mit Luft und Wärme zuzubereiten. Je besser und vollkommener dies geschieht, um so fröhlicher das Pflanzenwachsthum und um so sicherer lohnende Erträge. Es muß als ein **Hauptfehler** der Gemüsezucht bezeichnet werden, daß das Begießen **nicht oft und reichlich genug vorgenommen** wird; wir möchten dich dringend hierauf aufmerksam machen. Nicht alles Wasser ist zum Begießen gut. Am besten eignet sich das **Regenwasser**, und lohnt es sich sehr der Mühe, dasselbe von der Dachrinne in Behälter zu sammeln. Ihm am nächsten kommt Bachwasser, da es viel Luft in sich aufgenommen hat und düngende Bestandtheile mit sich führt. Am unzweckmäßigsten ist frisches Brunnenwasser; es ist zu kalt und in der Regel zu hart. Muß solches verwendet werden, so ist geboten, dasselbe in Behältern eine Zeit lang stehen zu lassen und als gestandenes Wasser zu verwenden. Nie dürfen die zarten **Pflänzlinge** bei großer **Sonnenhitze** getränkt werden, die richtigste Zeit ist der Abend, oder der frühe Morgen. Sodann müssen die Pflanzen jeweils **reichlich** begossen werden, sonst hat die Arbeit keinen Werth. Das Wasser muß zu den Wurzeln dringen, soll es wirken und ist dies wohl zu beachten. Zum Begießen bedient man sich der Gießkanne oder auch der Gartenspritzen.

4. **Der Dünger.** Der Dünger in Verbindung mit dem Wasser ist die Seele des Gemüsebaues.

Von großem Werthe ist es, die hauptsächlichsten Dünger nach ihrer Wirksamkeit zu kennen und von noch größerem, den Dünger auf billigste Weise sich zu beschaffen. Ich will dir kurz und schlicht Aufschluß über die wichtigsten Dünger geben, insbesondere aber dich darauf aufmerksam machen, daß es möglich ist ohne großen Aufwand guten Dünger selbst zu bereiten.

Der Stallmist ist von allen Düngerarten für den Gemüsebau der beste. Er enthält alle zur Pflanzenernährung nothwendigen Stoffe. Zur Anlage von Treibbeeten, zur Aufzucht von Setzlingen und Frühgemüsen ist der **Pferdemist** vorzüglich, er erwärmt durch seine rasche Gährung den Boden. Besonders wohlthätig ist seine Anwendung in frischem Zustande auf kaltes, schweres Erdreich, indem er dasselbe lockert und lüftet. Im allgemeinen aber darf er für's freie Land erst Verwendung finden, wenn er, an Haufen liegend, bis zu einem gewissen Grade zersetzt ist.

Der **Rindviehmist** ist kälter. Gut ist es, wenn er im Herbste in frischem Zustande in den Boden gebracht wird, dadurch namentlich ein bindiger Boden lockerer gemacht werden. Schaf- und Ziegenmist sind in ihrer Wirkung ähnlich dem Pferdemist und für den Gemüsegärtner von großem Werthe, nicht weniger der Mist von **Hühnern** und **Tauben**, der aber seiner Schärfe wegen am besten zur Güllenbereitung verwendet wird.

Als direkte Düngung hat der Schweinemist wenig Werth, am besten wird er zur Compostbereitung benützt, wie es denn überhaupt sehr empfehlenswerth ist, allen Mist, außer dem zu den Treibbeeten nöthigen, im Compost zur Anwendung zu bringen.

Die Gülle (Jauche). Gute Gülle ist eine große Hülfe für den Gemüsebauer und hat er deren Bereitung alle Aufmerksamkeit zu schenken. In ihr sind namentlich Kali und verschiedene Salze enthalten; sie fördert das Wachsthum der Pflanzen in hohem Grade.

Für uns kommt zunächst die Abtrittgülle in Betracht und ist da zu beachten, daß sie, für sich allein zu den Pflanzen gebracht, zu scharf wäre, weßhalb eine Verdünnung bis zu ¹/₄ mit Abwaschwasser, Seifenlauge, Regen- oder Brunnenwasser angezeigt ist.

Die Stallgülle ist milder und darf eher für sich allein verwendet werden, doch ist immerhin auch hier Vorsicht geboten. Ein Zusatz von Schwefelsäure oder Eisenvitriol ist zu empfehlen.

Der Compost. Für jeden Gemüsezüchter, insbesondere aber für den, der kein eigenes Vieh hält, also keinen Stallmist und keine Stalljauche producirt, ist der Compost das am billigsten zu beschaffende Düngmittel. Auf seine Erstellung lege ich für dich einen sehr großen Werth; denn er wird dein Bemühen, richtig und mit Vortheil zu arbeiten, wesentlich unterstützen. Als Materialien, die zur Anlegung von Composthaufen geeignet sind, nenne ich dir: Unkraut aller Art, Straßenabraum, Grabenerde, Schlamm, Abfälle und Kehricht aus Haus, Hof und Stall, Ruß, Asche, Laub, Haare, Kalk, Gyps, Bauschutt, Sägspähne, Kartoffelkraut, Pflanzenreste, Erde aus Gartenwegen und von Borden, Blut, Metzgabfälle, Schweine-, Geflügel- und Pferdemist, wie letzterer von Kindern auf der Straße gesammelt wird und gesammelt werden soll.

Das Verfahren für die Compostbereitung ist folgendes: Auf den mit Lehm festgestampften Boden an freier Stelle schichtet man Erde, die man aus Gartenwegen, Gräben, von Borden oder aus der Umgebung der Gebäude gewonnen, ca. 20 Cm. hoch auf, dann kommt eine Lage Unkraut, Laub, Sägspäne ꝛc. Diese nun wird mit Gülle tüchtig getränkt, mit gebranntem Kalk, Gyps oder Schwefelsäure überschüttet, hierauf kommt Straßenabraum, Schlamm ꝛc. dann Geflügel-, Schweine-, Ziegen- oder Rindviehmist, auch Pferdemist von der Straße und so fort, je nach dem das Material zur Verfügung steht. Der Haufen wird ca. ein Meter hoch gemacht, mit Erde gedeckt und fleißig begüllt. Damit kein Stoff verloren gehe, wird an der tiefsten Stelle der Compostgrube ein Petroleumfaß eingegraben, worin sich die abfließende Flüssigkeit sammeln kann. Es darf dies nicht unterlassen werden. Nachdem der Composthaufen etwa 6 Monate gelagert, wird er mit Karst und Schaufel ganz umgearbeitet, wieder angesetzt und abermals liegen ge- lassen. Je mehr du demselben Gülle oder verdünnte Schwefelsäure beibringst und je besser du ihn umarbeitest, desto rascher erhältst du einen fertigen, wirkungsvollen Dünger. Selbstverständlich mußt du je nach vorhandenem Material und nach Bedarf mehrere Haufen anlegen, um zur rechten Zeit reifen Compost zur Verfügung zu haben. Der Com- posthaufen ist so recht der Sammler alles dessen, was im Garten, Haus und Hof Unordnung erzeugt, auf ihm findet alles den rechten Ort und die Kinder können durch Sammeln von Laub, Unkraut, Mist ꝛc. wesentlich zur Dünger- produktion beitragen.

Hülfsdünger. Zunächst beanspruchen wir für den Gemüsebau vorbemerkte Dünger; wenn aber diese nicht genügen, so kann man mit dem sogenannten Hülfs- oder Kunstdünger nachhelfen. Die Knochenmehldünger sind aner- kannt gut, aber theuer, die Phosphoritphosphate sind bedeutend billiger, in ihrer Wirkung aber einseitig. Zur Zeit wird die Kunstdüngerfabrikation schwunghaft betrieben und werden ganz gewaltige Summen für ihre Erzeugnisse ausgegeben. Ich bin in erster Linie dafür, daß jeder den Bedarf seines Düngers durch richtige Behandlung, durch ängstliches Sammeln und Zuratheziehen aller, auch der unscheinbarsten Stoffe, aus denen sich Compost bereiten läßt, sich selbst schaffe und erst wenn dies geschehen und das Quantum nicht genügt, soll baares Geld in die Taschen der Fabrikanten wandern.

5. **Bodenbearbeitung.** In deinem Lande ist ein Schatz vorhanden und diesen mußt du heben. Willst du ihn finden, so gilt es das Land bis auf 60 Cm. Tiefe umzugraben oder wie man sagt, zu rigolen. Zu diesem Zwecke theilst du dein Gartenland der Länge nach in zwei Hälften. Am Ende der einen Hälfte wirfst du einen 60 Cm. breiten und eben so tiefen Graben auf und legst die hiedurch gewonnene Erde nach vornen an einen „Walmen". Dann wird ein folgender Graben in Angriff genommen und der vorherige aufgefüllt, so daß der Obergrund in die Tiefe, der Untergrund obenauf kommt. In dieser Weise wird fortgefahren, bis du die eine Hälfte rigolt hast. Es bleibt dir nun ein 60 Cm. breiter und 60 Cm. tiefer Graben. Du beginnst nun gleich gegen- über auf der andern Seite des Landes und schaffst die Erde des ersten Grabens in den letzten des rigolten Stückes,

der unmittelbar nebenan liegt, nachher wird fortgefahren, bis auch dieser Theil durchgearbeitet und gelockert ist. Am Ende angekommen, hast du zum Ausfüllen des letzten Grabens die Erde vom ersten nebenan und ohne große Mühe läßt sich jener nun ausfüllen. Sollte der Untergrund ganz geringwerthig sein — Sand, Kies, zäher Thon — so darfst du ihn nicht an die Oberfläche bringen, gleichwohl aber soll er auf die angegebene Tiefe gelockert werden.

Das Rigolen oder Tiefgraben ist unerläßlich für eine gute Anlage und darfst du davor nicht zurückschrecken. Es hat zur Folge, daß die Verwitterung und Auflösung der Aschenbestandtheile im Boden rascher vor sich geht, die Düngung also eine bessere und vollkommenere, daß Ungeziefer aller Art sammt Brut zerstört und das Unkraut vertilgt wird. Schwerer Boden wird durch das Rigolen über Winter bedeutend gelockert und im Frühling dringen Luft und Wärme in solchem Maße ein, daß das Wachsthum der Gemüse viel rascher sich vollzieht. Noch wichtiger aber ist, daß durch die Tiefkultur den Pflanzenwurzeln eine gutbereitete Wohnstätte geboten wird, die es ermöglicht, daß die Pflanzen im heißen Sommer weniger an Trockne leiden und bei großen Regengüssen sickert das Wasser rasch in die Tiefe. Zudem wird der Boden durch diese Arbeit gemischt und bei entsprechender Düngung für jede Kultur viel dankbarer.

Durch das Rigolen und Düngen läßt sich aus geringem Boden fruchtbares Erdreich schaffen. Die beste Zeit zum Tiefgraben ist der Spätherbst und Winter. Ist die Arbeit einmal gemacht, so braucht sie vor fünf bis sechs Jahren nicht wiederholt zu werden; nachher aber ist sie wieder nothwendig, da sich der Boden mit der Zeit setzt und fest wird.

Hast du dein Pflanzland bestellt, so geht es nicht lange, bis Unkraut sich zeigt und der Boden hart und krustig wird. Da heißt es nun rechtzeitig eingreifen durch Behacken mit der Haue. Namentlich dem Unkraut und dessen Vertilgung mußt du alle Aufmerksamkeit schenken. Nicht blos bietet ein unkrautfreier Garten dem Auge einen gar freundlichen Anblick, sondern er kommt zunächst den Kulturgewächsen zu gute. Wie ein Kind in Schmutz und Unreinlichkeit nicht gut gedeiht, eben so wenig das Gemüse in vermkrautetem Lande. Das Unkraut ist ein schlimmer Feind und muß unnachsichtlich und immer wieder bekämpft und dahin gebracht werden, wohin es gehört — auf den Compost.

Das Behacken fördert das Wachsthum der Pflanzen in hohem Maße und darf ja nicht lange aufgeschoben und muß oft wiederholt werden. In dieser Hinsicht bietet sich der Mutter und den größern Kindern jederzeit lohnende und passende Beschäftigung.

6. **Eintheilung.** Als Form des Gemüsegartens ist die möglichst regelmäßige viereckige die dienlichste. Das Viereck wird durch zwei in der Mitte des Raumes sich rechtwinklig schneidende Wege in vier Abtheilungen getheilt. Die Wege müssen die Breite von 120—150 Cm. haben, wenn möglich mit Steinbett belegt und gut bekiest werden. Bei dieser Eintheilung erhalten wir vier Abtheilungen, die einen rationellen Betrieb ermöglichen. Die so gebildeten Abtheilungen sind durch 20 Cm. breite Wege in 100 Cm. breite Beete zu zerlegen. Dadurch wird es möglich, die Arbeit in den Beeten zu verrichten, ohne sie betreten zu müssen. Die Länge der Beete richtet sich nach der Breite der Abtheilungen. Ist das Gemüseland von ziemlicher Ausdehnung, so können selbstverständlich verschiedene viertheilige Abtheilungen geschaffen werden.

7. **Wechselwirthschaft.** Der Schlüssel zum vortheilhaften Betrieb der Gemüsezucht beruht im richtigen Wechsel der anzubauenden Pflanzen. Man theilt — nach Gressent — die Gewächse in drei wohl von einander zu unterscheidende Kategorien ein:

a) Gemüse mit vorherrschender Blattbildung, also die Kohlarten, Lauch ꝛc.; sie verlangen eine sehr reichliche Düngung, wenn sie den höchsten Ertrag geben sollen.

b) Wurzelgewächse, wie Rübli, Kohlrüben, Zwiebeln, Kartoffeln u. a.; sie beanspruchen vielen Humus, verlangen dagegen keine frische Düngung;

c) Gemüse mit zur Zeit der Reife trockenen Früchten, wie Bohnen und Erbsen; sie gedeihen auch auf düngerarmem Boden, derselbe muß aber eine gewisse Menge von Kalisalzen enthalten, welche die Hauptbedingung ihrer Entwickelung sind.

Hierin liegt in wenigen Worten das Geheimniß der lohnenden Gemüsezucht.

Die erste Abtheilung wird im Herbst reichlich gedüngt und der Dünger untergegraben. Bist du mit dieser Düngung karg, so bleibt dir der Boden ein fauler Knecht, der nur widerwillig und zur höchsten Nothdurft arbeitet. Im Frühling kommen auf diese Abtheilung sämmtliche Kohlarten, wie Kabis, Wirz, Blumenkohl, Rosenkohl, auch Kohlrabi und Lauch. Im nächsten Jahr wird die erste Abtheilung zu Abtheilung II, bedarf keiner frischen Düngung und dient nun zum Anbau der Wurzelgewächse: Rübli, Carotten, Zwiebeln, Rettige, Kartoffeln, ferner zum Anbau von Salat, Endivie, Spinat, Mangold, Sellerie ꝛc. Abtheilung II rückt dann in III. Jahr zu Abtheilung III vor, erhält womöglich eine Aschendüngung und ist dann vorzüglich geeignet zur Anzucht von Erbsen und Bohnen. Wie Abtheilung I behandelt wird, so auch Abtheilung II und III, auf denen genau derselbe Wechsel mit Gemüsearten und dieselbe Düngungsmethode zur Anwendung kommen. Abtheilung IV wird bestimmt zu Mist- und Treibbeeten, zur Anzucht von Frühgemüsen, Setzlingen, zur Samen- und Blumenzucht und zum Bepflanzen mit ausdauernden Gewächsen, wie Beerensträucher, Erdbeeren, Küchenkräuter.

Bei diesem Vorgehen haben wir jährlich nur den Theil, auf welchen die Kohlgewächse zu stehen kommen, stark zu misten, denjenigen für die Wurzelgewächse gar nicht und die Hülsenfrüchte (Erbsen und Bohnen) verlangen nur eine Aschendüngung. Das Begüllen der Pflanzen während der Wachsthumsperiode befördert deren Entwickelung wesentlich. Für die IV. Abtheilung dürfte, wie schon bemerkt, neben Mist- und Treibbeeten, neben der Anzucht von Setzlingen und Frühgemüsen vor allem die Kultur von Himbeer-, Johannisbeer- und Stachelbeersträuchern, sowie von Erdbeeren zu berücksichtigen sein. Die Beerensträucher in guten Sorten und richtig gepflegt, können ganz enorme Erträge liefern und ein mächtiger Hebel für das Wohlbefinden einer Familie werden. Sie gedeihen am besten in einem fruchtbaren, mäßig feuchten Boden in sonniger Lage.

8. Die **Fruchtfolge** schließt sich enge an die Wechselwirthschaft an. „Sie ist die Kunst, den Traum des Gartenbesitzers zu verwirklichen: von allem in genügender Menge und so lange als möglich zu ernten". Diese Kunst wird dadurch ausgeübt, daß in deinem Gemüsegarten kein Theil während der Wachsthumsperiode unbenützt liegen bleiben darf. Einige Beispiele, wie die unausgesetzte Kultur möglich ist, wird dir am ehesten Wegleitung geben. Dabei halte ich mich im allgemeinen an das Verfahren, wie es Gärtner Bächtold in Andelfingen seit Jahren in seinen Gemüsebaukursen lehrt und das sich auch in unsern eigenen Verhältnissen als gut und praktisch bewährt hat.

Die Beete der I. **Abtheilung** können bepflanzt werden:

1. Im April-Mai zuerst mit 4 Reihen Glaskohlrabi. Sie werden im Juli bis Mitte August abgeerntet und hierauf folgt die Bestellung mit 3 Reihen breiter Endivie; oder
2. Im April-Mai zuerst mit 3 Reihen Frühkohl (Wirz), sodann im Juli-August mit 4 Reihen krauser Endivie; oder
3. Im April-Mai zuerst mit 3 Reihen Frühkabis und nachher im Juli noch mit 3 Reihen Bodenkohlraben; oder
4. Im April zuerst mit 3 Reihen Frühkohlrabi und sodann etwas später dazwischen zwei Reihen Blumenkohl; oder
5. Im April-Mai 2 Reihen Kabis und gleichzeitig zwischen hinein und nebenan 3 Reihen Kopfsalat; oder
6. Im April Frühkohlraben 2 Reihen und 3 Reihen Salat, nachher 3 Reihen Rosenkohl; oder
7. Im April-Mai 2 Reihen Spätkohl mit Salat als Zwischenpflanzung.

II. Abtheilung.

1. Im April-Mai Lauch und Sellerie, 4 Reihen zusammen, nachher Winterspinat; oder
2. Im März Sommerspinat, 6 Reihen, sodann im Juni bis Juli 4 Reihen rothe Rüben (Rahnen, Randen) zu Salat; oder
3. Im März-April Schnittmangold, 5 Reihen oder gelbkrausen Mangold 3 Reihen, oder
4. Im April zuerst Frühcarotten 6 Reihen, sodann im Juli bis August Nüßli-Salat (Rapünzchen) oder
5. Im April Steckzwiebeln, 7 Reihen, im September dann Winterspinat; oder

6. Im April gelbe Rübli 3 Reihen, dazwischen Eierkopfsalat 4 Reihen; oder
7. Im April Monatrettige, im Mai dann schwarze Rauben; oder
8. Im April Schwarzwurzeln, 4 Reihen, dazwischen Sommerrettige 5 Reihen.

III. Abtheilung.

1. Im März-April zuerst Zwergerbsen 4 Reihen, sodann im Juli Walzencarotten 5 Reihen; oder
2. Im Mai zuerst Zwergbohnen 2 Reihen, nachher im August Frühcarotten 6 Reihen; oder
3. Im März-April zuerst hohe Zuckererbsen 2 Reihen, dann im Juli-August Herbstrettige 3 Reihen; oder
4. Im März-April zuerst Zuckeresen 2 Reihen, im Juli dann Winterrettige 3 Reihen; oder
5. Im Mai zuerst Stangenbohnen, frühe, 2 Reihen, wenn die Bohnen abgeerntet noch 4 Reihen Glas-Kohlrabi; oder
6. Im Mai zuerst Stangenbohnen, späte 1 Reihe, und zu beiden Seiten entweder Kopfsalat oder Kohlrabi.

Begreiflich ist, daß vorstehende Angaben dir bloße Anhaltspunkte geben sollen, wie man verfahren kann, und sind noch viele andere Zusammenstellungen möglich. Hauptsache in Anwendung der Fruchtfolge ist, den Boden nicht unbenützt liegen zu lassen und einen richtigen Pflanzenwechsel inne zu halten.

9. Treibbeete.

Treib- oder Mistbeete sind für den Betrieb rationellen Gemüsebaues sehr wünschenswerth. Mistbeete legt man im Freien an, giebt ihnen eine tüchtige Unterlage von frischem Pferdemist und sichert sie durch eben solchen und durch Bedecken mit Fenstern und Stroh, Laub ꝛc. vor dem Eindringen der Kälte. Für ihre Anlage ist der günstigste Platz des Gemüselandes zu wählen, eine Stelle, die vor kalten Winden geschützt und den erwärmenden Strahlen der Sonne möglichst zugänglich ist. Das Mistbeet wird, wie es in jeder Gärtnerei zu sehen ist, mit Holz eingefaßt und mit Fenstern von oben, mit Mist von den Seiten gedeckt. Dem Beete giebt man eine gegen die Sonne neigende Richtung von 10—15 Grad.

Willst du dasselbe zur Saat (im Monat Februar und März) bereit machen, so hast du die gute Humuserde auszugraben und auf die Seite zu legen. Nun bringst du auf den Grund Laub und hierauf Pferdemist im Ganzen bis 40 Cm. hoch und gut vertheilt. Diese Schicht wird nun festgetreten und mit Wasser mäßig begossen, damit Gährung eintrete und Wärme sich entwickle. Auf den Mist kommt die ausgegrabene Erde. Der Kasten selbst wird, soweit er über die Oberfläche des Bodens tritt, ebenfalls mit einem Kranz von Laub und Mist umgeben, um seine Wärme entrinnen zu lassen und keiner kälte Zutritt zu gestatten. Ist nun das Beet gehörig bearbeitet und fein hergerichtet, so folgt die Einsaat. Diese darf nur bei milder Witterung und gegen die Mittagszeit stattfinden. Carotten, Salat, Monatrettige, sowie Samen zu Frühpflanzungen, wie Blumenkohl, Kohlrabi, Wirz und Sellerie werden unmittelbar auf das Mistbeet gesät, wenn seine Wärme schon merklich gemildert ist. Stellt sich im Frühjahr warmer Regen ein, so öffnet man die Treibbeete, bei starkem Sonnenschein ist Beschattung der Fenster nothwendig, innerhin aber ist von Zeit zu Zeit Lüftung geboten. Begießung ist nur selten zulässig.

10. Piquiren.

Haben sich die Sämlinge bis zu 4 Blättern entwickelt, so sollten sie ausgehoben und in gut hergerichtete Beete der IV. Abtheilung in Abständen von circa 5 Cm. versetzt werden. Man heißt diese Arbeit das Piquiren. Sie ist unerläßlich, um gut bewurzelte, kräftige Setzlinge zu erhalten. Je sorgfältiger die Auszucht des Materials im Treibbeet und im Pflanzgarten ausgeführt wird, desto sicherer resultirt ein ausgezeichneter Erfolg. Wer den Zweck will, darf Mühe und Arbeit nicht scheuen. Es giebt Verhältnisse, wo Treibbeete nicht gehalten werden wollen und auch das Piquiren als zu viel Arbeit erfordernd unterlassen wird. In diesem Falle warte man mit Anzucht der Setzlinge, bis der Boden abgetrocknet und von der Frühlingssonne ordentlich erwärmt ist. Dann richte an sonnigster Lage einige kleinere Beete gut zu, säe frühe Kohlarten, Salat ꝛc., überdecke die Samen mit gesichter Torferde, begieße die Saat hin und wieder und du wirst noch rechtzeitig gute Setzlinge erhalten. Zu dicht darf keine Saat gemacht werden.

11. **Das Pflanzen** (Versetzen). Beim Ausheben der Setzlinge aus dem Pflanzbeete hast du sorgfältig zu verfahren und möglichst gleich kräftige in ein Beet zu bringen. Setzlinge, die piquirt worden sind, haben, wie schon früher angedeutet, eine viel kräftigere Wurzelbildung und gestatten auch später als sonst noch das Auspflanzen. Daß feuchte Witterung oder dann Begießen für die Arbeit des Versetzens unerläßlich ist, leuchtet wohl von selbst ein. Sehr schöne Gemüse — nach Bächtold — erhält man, wenn man dieselben gleich an Ort und Stelle, wo sie bleiben sollen, sät. Im Frühling, wenn keine starken Fröste mehr zu befürchten sind und der Boden schon abgetrocknet ist, wird derselbe mit dem Krail (amerikanischer Zieh- oder Rechenkarst) gehörig durchzogen und ausgeebnet. Sind die Beete abgetheilt, so werden mit einer amerikanischen Haue oder einem Gartenhäueli Furchen gezogen in der Zahl, wie sie in der Fruchtfolge für die einzelnen Pflanzen angegeben sind. Für die größeren Samen werden tiefere, für die kleineren weniger tiefe Furchen gemacht. Die Samen werden nun ganz dünn und gleichmäßig in die Furchen gestreut, mit der Hand oder auch mit einem breiten Rechenrücken ordentlich fest angedrückt und dann nachher mit Torferde regelrecht zugedeckt, d. h. etwa fünfmal so tief, als der Same Durchmesser hat, bedeckt oder überstreut. Torferde ist zu diesem Zwecke entschieden das vortheilhafteste und beste. Auch kurzer verrotteter Mist oder auch alte Gerberlohe versehen den Dienst ganz ausgezeichnet. — Das Erdünnen, Verzupfen oder Lichten wird vorgenommen, sobald die jungen Pflänzchen sich gegenseitig berühren. Es ist diese Arbeit ja nicht lange hinauszuschieben und noch viel weniger ganz zu vergessen, sonst ist es natürlich mit dem ganzen Ertrag nichts. Dieses Verzupfen ist sogar, nun es ja nicht zu verpassen, besser schon vorzunehmen, sobald die Samen gekeimt haben und zwar bei allen Samen ohne Ausnahme. — Das Unterlassen desselben ist einer der größten Fehler, welche im Gemüsebau vorkommen. Es kann zwar diese Arbeit auch allmälig vorgenommen werden, nämlich so oft sich die Pflänzchen wieder berühren; aber man lasse sie doch unter keinen Umständen zu dicht werden. In was für Abständen die Sämlinge sowohl wie die Setzlinge in den Gemüsebeeten gepflanzt werden sollen, darüber giebt eine Tabelle des so tüchtigen und regen Gärtners Bächtold in Andelfingen Auskunft, ebenso über die beste Zeit der Aussaat. Von ihm kann sowohl die Tabelle als auch bezüglicher Samen bezogen werden.

12. **Kurze Mittheilungen über die gewöhnlichsten Gemüsepflanzen.**

I. **Die Kohlarten.** Sie sind unter den Gemüsepflanzen unstreitig die wichtigsten und werden allgemein angebaut. Ich nenne dir:

1. **Den Blumenkohl.** Er ist eines der beliebtesten Gemüse und bei richtiger Behandlung sehr ertragreich. Empfehlenswerthe Sorten sind der frühe Erfurter und der Imperial. Soll der Blumenkohl gut gedeihen, so muß ihm ein tief bearbeiteter und reich gedüngter Lehmboden angewiesen werden. Die Hauptsache aber ist sehr reichliches Begießen mit Wasser und häufiges Begüllen, besonders im Anfange seines Wachsthums. Ohne dies kannst du auf schönen Erfolg nicht rechnen.

2. **Den Rosen-Brüsseler- oder Sprossenkohl.** Er steht in Feinheit des Geschmackes von allen Kohlarten dem Blumenkohl am nächsten, verlangt wie dieser düngerreichen Boden. Im Juli versetzt, entwickelt er sich noch vollständig bis im Spätherbst. Was ihn so werthvoll macht, ist, daß er im Freien überwintert und seine Köpfchen (Rosen) in den Blattachseln im Winter und zwar jederzeit ein wohlschmeckendes, grünes Gemüse liefern.

3. **Den Feder- oder Krauskohl,** der vom Frost ebenfalls nicht leidet und mit seinen Blättern, die man wie Wirz hat, im Frühling zur Verfügung steht, wenn andere grüne Gemüse noch gänzlich fehlen. Er ist in Bezug auf Boden nicht wählerisch.

4. **Den Schnittkohl,** der am besten in 2½ Cm. tiefe Furchen gesät, später wie Spinat von Zeit zu Zeit (etwa alle 14 Tage) abgeschnitten und der Küche geliefert wird.

5. **Die Wirzsorten** (Kohl, Wirsing). Für uns sind als gute Sorten zu bezeichnen der Frühwirz (Ulmer), der Spätwirz (Vertus) — giebt die größten Häuptli —, der Marcellinerwirz — bis in den Winter ausdauernde Sorte und die im Juli noch gepflanzt werden kann — und der Kabiskohl, auch Kopfkohl genannt. Letzterer eignet sich auch für's freie Land, verlangt aber gleiche Behandlung wie der Blumenkohl.

Der Wirz gedeiht in jedem gesunden Boden und verträgt als Zwischenpflanzungen ganz gut Kopfsalat, Lauch oder Oberkohlrabi.

6. Die Kabisforten. Als sehr gute können empfohlen werden der kleine Erfurterkabis (Weißkraut), eine frühe Sorte, die sich durch Festigkeit des Kopfes und lange Dauer auszeichnet. Seine Erträge sind gut und sicher; der Straßburger Centnerkabis mit sehr festem, abgeplattetem Kopf und vorzüglich zum Einschneiden. Er kann ein Gewicht von 10—15 Ko. erreichen. Der Roth- oder Blaukabis, beliebt zu baierisch Kraut und zu Salat; sein Anbau ist empfehlenswerth. Der Yorkerkabis, sehr frühe Sorte mit länglich-eirundem Kopf; er wird oft im Nachsommer und Herbst angesät, überwintert im Freien ohne Schaden und liefert dann im Mai ein zartes Gemüse. Der Spitzkabis, nach seiner Form auch Zuckerhut genannt, ist eine ausgezeichnet feine Kabisforte und zu Salat besonders geeignet. Behandlung wie diejenige des Blumenkohls.

Sämmtliche Kabisforten verlangen viel Feuchtigkeit und stark gedüngten Boden; werden diese geboten, so ist eine gute Ernte sicher.

7. Die Oberkohlrabi. Die besten Sorten sind die Wiener-Glaskohl-Kohlrabi, weiß oder blau-violett. Man kann sie an Ort und Stelle säen, muß sie dann allerdings rechtzeitig und genügend verziehen und sind zu verwenden, wenn sie Apfelgröße erlangt haben; sie geben ein gesuchtes Marktgemüse. Die Spätkohlrabi liefern, im Juli noch einmal angesät, für den Winter ein schmackhaftes Gemüse; das Fleisch wird selten holzig. Spätkohlrabi können bei starker Düngung mehrere Kilos schwer werden.

II. Die Wurzelgewächse. Für die Ernährung der Menschen nicht weniger wichtig als die Kohlarten sind die Wurzelgewächse. Je fleischiger und zarter die Wurzeln, um so besser das Gemüse.

Wir nennen:

1. Die Bodenkohlraben (Kohlrübe). Für die Küche ist die gelbe, schwedische Bodenkohlrabe (Rutabaga) die beste. Sie hat einen grünlichen Hals, ist gelbschalig, glatt, hat gelbes, zartes und süßes Fleisch. Ihre Kultur ist leicht. Sie gedeiht in unsern gewöhnlichen Aeckern ganz gut, ist also in Bezug auf Dünger genügsam. Um zarte Bodenkohlraben zu erhalten, sät man sie erst im Juni-Juli; zu früh verpflanzt, werden sie gerne holzig.

2. Die Weißrüben (Räben) werden bei uns nach der Roggenernte als Stoppelrüben zu Viehfutter gepflanzt. Sie lassen sich im Garten als Nachfrucht Ende Juli und Anfangs August noch anbauen und liefern schöne Erträge. Man verwendet sie auch zu Gemüse und zum Einschneiden mit Kabis.

3. Die Rübli (Möhren). Sämmtliche Rübliarten werden am besten in tiefgelockerten Boden in Reihen gesät und zwar schon im April. Frische Mistdüngung ist nicht zu empfehlen, dafür aber das Begüllen. Die gewöhnlichsten Sorten sind die Frühcarotten, die Walzencarotten, die gelben Saalfelder, die rothen Rübli und die grünköpfigen Riesenrübli. Letztere taugen mehr für Viehfutter und liefern große Erträge. Da die Rübli ein gesuchtes Marktgemüse sind, lohnt sich ihre Cultur. Die Carotten sind zu verwenden, bevor sie ganz ausgewachsen sind.

4. Die Rahnen (Randen) sind dunkel- bis schwarzroth und geben einen beliebten Salat. In Bezug auf Boden und Dünger machen sie keine großen Ansprüche und lassen sich leicht pflanzen.

5. Die Rettige. Die beliebtesten Sorten sind die Monatsrettige (Radieschen) in ihren verschiedenen Farben, der Wiener Mairettig, rund, gelb oder weiß, zartfleischig und von mildem Geschmack, der schwarze, runde Sommerrettig, der lange schwarze und der runde schwarze Winterrettig. Der Rettig erfordert einen tiefbearbeiteten in guter Kraft stehenden Boden; bei frischer Mistdüngung wird er holzig und unschmackhaft.

Die Monatsrettige können als Zwischenfrucht mit Salat, Bohnen ꝛc. gezogen werden und ist es am besten, wenn der Same gesteckt (gestupft) wird. Den Samen für Sommerrettige kann man von Mai bis August, denjenigen für Winterrettige von Ende Juni an in's Land bringen.

6. Die Knollensellerie. Die feinen Samen müssen früh im Frühling sehr dünn auf nahrhaften, fetten Boden gesät und im ganzen feucht gehalten werden. Sie verträgt sich gut mit Kopfsalat oder Rettig, kann also mit diesen vereint gepflanzt werden. Auf dem Markte wird sie gerne gekauft und entweder als Suppengewürz oder zu Salat verwendet.

7. Die Kartoffeln, obwohl eigentlich ein Knollengewächs, reihen wir hier an und empfehlen als früh die frühen Rosen, als mittelfrüh die späten Rosen, als spät Richters Imperator. Empfehlenswerth sind ferner die Schneeflocken, Bisquit ꝛc. — Von Zeit zu Zeit soll das Saatgut gewechselt werden, indem alle Kartoffeln leicht ausarten und im Ertrage dann zurückgehen. Nur die Frühkartoffeln werden im Gemüsegarten, die übrigen im offenen Land gepflanzt.

III. Die Salatgewächse.

1. Der Gartensalat. Es giebt eine Menge Salatsorten, als die vorzüglichsten aber gelten der amerikanische Pflücksalat mit krausen und zarten Blättern. Er geht sehr schwer in Samen und liefert über den ganzen Sommer einen feinen Salat. Wir pflanzen ihn seit Jahren mit Vorliebe für unsern großen Bedarf an. Der Trotzkopfsalat, sehr dauerhaft mit großen, festen Köpfen, trotz der Hitze wie der Kälte; ist also für Sommer und Winter geeignet. Der Forellensalat ist eine altbekannte vorzügliche Sorte, besonders für den Vor- und Nachsommer. Der gelbe Steinkopf oder Frühsalat schließt sich frühzeitig, geht aber auch bald in Samen über, deßhalb ist er früh im Frühling als erster Salat zu säen. Der Wintersalat ist anzusäen im August und September.

Um immer zarten Salat zu haben ist es nothwendig, etwa alle 14 Tage eine kleine Saat zu machen. Der Salat erfordert zu seinem Gedeihen einen nahrhaften, lockern Gartenboden, eine sonnige, freie und warme Lage. Oefteres Begülten ist vortheilhaft.

2. Endivie. Die Schnittendivie oder gelbkrause Sommerendivie ist für jeden Garten zu empfehlen, da dieselbe sowohl zu Gemüse gekocht, als auch besonders noch jung und durch das Zusammenbinden der Blätter gebleicht, zu Salat verwendet werden kann. Man soll sie erst im Mai und Juni aussäen und von da an allwöchentlich eine kleine Saat machen bis Ende August. Reichliches Begießen ist nothwendig.

IV. Die Spinatgewächse.

1. Der Sommerspinat muß im Frühling früh in Reihen gesät werden. Je dünner die Saat, — man nimmt Abstände von $2^{1}/_{2}$ Cm. pro Korn an — desto besser die Entwickelung. Mit Abschneiden darf man nicht lange zuwarten. Feuchthalten ist für den Spinat Bedürfniß. Wird er nicht oft begossen, so schießt er in Samen und ist für die Küche unbrauchbar. Saaten von 14 zu 14 Tagen ermöglichen dir, immer junges und zartes Gemüse zu haben. Die Aussaat des Winterspinats beginnt im August; die letzte kann im Oktober noch gemacht werden. Auch er will dünn gesät sein.

Aller Spinat verlangt kräftig gedüngten Boden. Man kann zwischen die Reihen des Winterspinats Samen von Kopfsalat ansäen, welcher dann in der Regel gut gedeiht. Als Nachfrucht ist der Spinat sehr werthvoll, da er im Herbst auf Beete kommt, auf denen Zwiebeln, Wirz, Blumenkohl ꝛc. abgeerntet worden sind.

2. Der Schnittmangold wird wie der Winterspinat und zu gleicher Zeit gesät. So oft die Blätter nachgewachsen sind, schneidet man sie für die Küche. Der gelbkrause oder Sommermangold wird wie der Sommerspinat behandelt. Liefert der Mangold auch nicht gerade ein feines Gemüse, so ist er doch für jede Haushaltung werthvoll, da er große Erträge liefert und nicht in Samen schießt. Die ältern Blätter werden mit Vortheil zu Schweinefutter verwendet und deßwegen finden wir den Mangold beinahe in jedem Garten auf dem Lande.

V. Die Lauchgewächse.

1. Die Zwiebeln. Bei uns werden hauptsächlich die gelben Zwiebeln von plattrunder Form kultivirt, sie haben ein festes, mild schmeckendes Fleisch. Zur Anzucht im Großen empfiehlt sich auch die blasse Erfurter- oder Straßburgerzwiebel, die sehr dauerhaft ist.

Die Zwiebeln lieben eine freie Lage und einen warmen, lockeren Boden und gedeihen am besten nach den Kohlgewächsen. Frischen Dünger vertragen sie nicht und muß deßhalb vor demselben ernstlich gewarnt werden. Die Anzucht geschieht entweder durch Samen oder durch Steckzwiebeln. Die aus Samen gezogenen werden feiner und haltbarer. Man kann sie früh im Frühling breitwürfig oder in Reihen säen. Hauptsache ist hiebei, daß die Saat dünn und der Same festgetreten wird. Vor der Reife die Stengel zu knicken ist nicht gut und geschieht auf Kosten der Zwiebeln selbst. Sobald die Blätter welk werden, sind jene reif und sollen dann an einem trockenen, luftigen Ort zum Ausreifen gebracht werden, wobei öfteres Wenden angezeigt ist. Die Steckzwiebeln werden im März oder April in Reihen gesteckt und wie die Samenzwiebeln behandelt.

2. Der Knoblauch. Man steckt dessen „Zinggen" im April in Reihen von 20 Cm., die einzelnen Zinggen unter einander von 15 Cm. Abstand. Düngung ist nicht zulässig. Werden die Blätter geknotet (geknüpft), so entwickelt sich der Knoblauch besser.

3. Der Lauch oder Porré ist ein Suppengewürz, kann aber auch zu Gemüse verwendet werden. Da er marktfähig ist, wird er in der Nähe von Städten gerne und häufig gezogen.

Der Sommerlauch gedeiht mit Sellerie gepflanzt sehr gut, ebenso als Zwischenfrucht in Salat oder auch in Kohlgewächsen. Frischen Stallmist erträgt er nicht, dagegen faulen Pferdemist und ausgelaugte Asche. Feuchtigkeit ist zu seinem Gedeihen nothwendig.

4. Der Schnittlauch wird durch Theilung alter Stöcke fortgepflanzt und gedeiht bei Nußdüngung ganz prächtig.

IV. Die Hülsengewächse. Sämmtliche Hülsengewächse sind wegen ihrer Reichhaltigkeit von Nahrungsstoffen wichtig und sollten insbesondere von jedem Gartenbesitzer für sich und die Seinen genügend gepflanzt werden. — Die Hauptnährkraft liegt in den reifen Samen (Erbsen und Bohnen) und sind sie das Fleisch zu ersetzen im Stande; aber auch grün gekocht bilden die Hülsenfrüchte ein bei Arm und Reich beliebtes Gemüse. Wir unterscheiden zunächst zwischen Bohnen und Erbsen.

Die Bohnen theilen sich in Stangen- oder Stickelbohnen und Buschbohnen oder Höckerli (Zwergbohnen).

1. Stangenbohnen. Sehr beliebt sind die Schmalzbohnen mit etwas kurzen Schoten aber großen Samen; dann die blauen Speckbohnen wegen ihrem großen Ertrag und die Zuckerbrechbohne, die früheste aller Stangenbohnen. Die Stangenbohnen sollen im Meterbeete nur einreihig gepflanzt werden; denn sie verlangen zum guten Gedeihen Sonnenschein und Wärme. Aussaat vor Mai ist nicht rathsam, da sie gegen Frost sehr empfindlich sind. Weil sie licht und weit gepflanzt sein wollen, kann der übrige Theil des Beetes ganz wohl zur Anpflanzung von Salat, Rettig oder Kohlrabi benützt werden.

2. Die Busch- oder Zwergbohnen (Höckerli). Anfangs Mai in 15—20 Cm. von einander abstehende Reihen gestupft, geben sie schon gegen Jakobi treffliches Gemüse und ihr Ertrag ist, wenn auch nicht so groß wie bei den Stangenbohnen, immerhin beträchtlich. Bekannte gute Sorten sind: Hundert für Eine und die Flageoletbohne. Empfohlen wird ferner Schwanneckes Zuckerbohne, eine frühe, sehr ertragreiche Sorte mit zarten, dickfleischigen Hülsen und wenig Fäden. Die Samen sind weiß und braun gesprenkelt.

3. Die Erbsen. Bekannt sind die Zwergerbsen, deren grüne Samen gekocht werden. Sie sind ein gesuchtes und gut bezahltes Marktgemüse und weil sie niedrig bleiben, bedürfen sie keiner Stickel. Man sät sie am besten in Reihen.

Die hohen Zuckererbsen verlangen geästete Stickel von zirka 2 M. Höhe. Um den Stickel herum legt man 6—8 Erbsen. Während des Wachsthums müssen die Pflanzen fleißig aufgeheftet werden. Ihre Samen sind größer und gesuchter als diejenigen der Zwergerbsen, jadem ist der Ertrag reichlicher.

4. Die Kefen. Am bekanntesten ist die Zuckerkefe, welche sammt den Schoten gekocht wird. Wir finden sie in fast jedem Garten und verdient sie auch angepflanzt zu werden. Schon Mitte Juni liefert sie ein gutes Gemüse und behandelt man sie wie die Zuckererbsen.

Die Erbsen lieben einen sonnigen, warmen, in alter Düngkraft stehenden Boden. Frische Düngung ist zu vermeiden, da sie sonst nur ins Kraut schießen und wenig Früchte bringen. Eine leichte Aschendüngung dagegen fördert das Blühen wesentlich. Zwei Jahre alter Samen soll einen reichern Ertrag geben als Samen frischer Ernte oder einjähriger.

VII. Die Küchen- und Gewürzkräuter.

Von diesen ist zu sagen, daß sie bisher im Ganzen zu wenig beachtet worden sind. Jährlich werden große Summen für Gewürzkräuter in's Ausland abgegeben, die bei einigermaßen gutem Willen im Lande selbst verdient werden könnten und auch für die Küche sollte mehr eigene Würze gezogen werden. Es läßt sich das um so leichter machen, da die Küchenkräuter auch in einem sonst verlorenen Gartenwinkel noch gedeihen, sofern der Boden nur locker und kräftig ist und rein gehalten wird. Man kann auch verschiedene Küchenkräuter gemeinsam ansäen, wodurch die Arbeit wesentlich vereinfacht wird. Ich nenne dir folgende: Petersilie, Majoran, Fenchel, Anis, Dill, Kümmel, Coriander, Rosmarin, Lavendel, Thimian, spanischer Pfeffer, Basilienkraut, Bohnenkraut, Gartenkresse und Salbei.

13. Was wir bis jetzt über Gemüsebau dir mitgetheilt haben, gilt nur für reines Gemüseland, in welchem weder Blumen noch Bäume gezogen werden. Entweder das Eine oder das Andere; alles durcheinander geht nicht. Wir nehmen an, du verwendest zu reinem Gemüsebau zirka 3—5 Aren; dann bleiben dir noch zirka 15—20 Aren als sogenanntes **Pflanzland**, auf dem du Obst, Gemüse, Kartoffeln, Futter und vielleicht auch etwas Getreide pflanzen kannst und zwar in einer Weise, die verhältnißmäßig wenig Arbeit und beinahe kein Betriebskapital erfordert. Zur Obstpflanzung dürften 5 Aren genügen und Bäume in Buschform oder in schwachtreibenden Hochstämmen am zweckdienlichsten sein. Sie werden in Reihen von 5 M. Abstand und in einem ebenso großen Abstand unter sich gepflanzt. Als schwachtreibende und doch sehr tragbare Hochstämme bezeichne ich dir die Nebenbirne (zur Mostbereitung) und die Wintergoldparmäne, ein nach jeder Richtung delikater Apfel; ebenso den königlichen Kurzstiel (Nägeli- oder Palmapfel). Für die Buschbäume gibt es eine Masse edlere Sorten für den Haushalt und den Markt und ist nur das sehr wichtig, daß du die Bäumchen aus einer guten Baumschule — Strickhof, Gärtner Boßhard in Pfäffikon ꝛc. — beziehst, wodurch du Garantie hast, für dein Geld gute und preiswürdige Bäume zu erhalten. Prächtige Steinobstsorten liefert auch Gärtner Hottinger in Neumünster.

Dieser Obstgarten dient nun zugleich als Gemüseland, noch besser aber für die Beerenkultur, also für Erd-, Him-, Johannis- und Stachelbeeren, die in guten Sorten gepflanzt, große Erträge bei geringer Arbeit abwerfen. Dafür kannst du dann den erweiterten Gemüsebau nach früher angegebenen Grundsätzen auf einen Theil des noch freien Landes verlegen. Willst du eine Ziege halten, so ist es rathsam, durch eine Einsaat von **Mattenklee**, **Luzerne, Thimotegras** und **Knaulgras** eine kleine, Jahre lang dauernde Wiese zur Heugewinnung anzulegen. Auf 5 Aren wären zu säen 1 Pfund Mattenklee, 1 Pfund Luzerne (diese mit einander gemischt gesäen) und dann ebenfalls gemischt 1 Pfund Knaul- und ³/₄ Pfund Thimotegras. Zur Wiesenanlage muß der Boden klar bearbeitet und von Unkraut völlig gereinigt sein; dazu muß er in guter Düngkraft stehen, sonst ist der Aufwand von Geld und Mühe vergeblich. Die Saat wird Anfangs Mai gemacht, der Same nur leicht untergeeggt oder auch mit dem Rechen eingeratzt.

Damit du aber über Sommer auch Grünfutter hast, solltest du zirka 2—3 Aren mit rothem Ackerklee und italienischem Raygras (auf 3 Aren 450 Gramm Klee 150 Gramm italienisches Raygras) bepflanzen und zwar käme diese Einsaat nach der Fruchtfolge an Stelle der Kohlarten, da sie starke Düngung liebt. Etwas Hafer als Ueberfrucht zu säen, ist sehr zu empfehlen.

Futter kann unter den Obstbäumen auch dann noch gepflanzt werden, wenn sie den Boden schon stark beschatten.

Um für die Thiere Streumaterial und für den Garten das nöthige Heststroh zu haben, lohnt sich die Ansaat von etwas Getreide. Aus diesen Andeutungen siehst du, daß auf deinem Lande sich gar manches erstreben und bei Fleiß auch erreichen läßt und ist eine Hauptbedingung nur, daß in der Bepflanzung der richtige Wechsel eintrete.

14. Noch ein Wort über die **Aufbewahrung** von Gemüsen. — Rosen- und Federkohl sind, weil nicht empfindlich, über Winter im Freien zu belassen und nur bei strenger Kälte mit Stroh oder Reisig zu bedecken. Wirz und Kabis werden am besten in eine Erdgrube auf die Wurzeln und Kopf an Kopf gestellt, mit Laub bedeckt und über der Grube wird ein Stroh- oder Breiterdach zur Ableitung des Regen- und Schneewassers gemacht. Von Zeit zu Zeit ist Nachschau und Entfernung allfällig angefaulter Häupti nothwendig. Lauch wird wie die Sellerie in die Erde geschlagen und mit Laub bedeckt. Kohlrüben, Rübli und Rimfeln, können sie nicht im Keller aufbewahrt werden, sollen wie Wirz und Kabis in Gruben gebracht und gedeckt werden. Die Kartoffeln gehören in den Keller, das Obst in frostfreie Räume und auf Hürden in den Keller. Daß aus Kabis Sauerkraut gemacht werden soll, leuchtet wohl von selbst

ein. Ein trefsliches Wintergemüse liefern gedörrte und eingemachte Bohnen. Zu diesem Zwecke sind sie jung zu pflücken, ehe die Kerne dick geworden. Ein Aufquellen in heißem Wasser, dann entweder dörren oder in eine Stande schön einlegen, salzen und beschweren — und du hast einen schmackhaften Vorrath auf den Winter. Die Zwiebeln sind an einem trockenen, frostfreien Orte aufzuhängen.

15. Schlußbemerkung.

An Hand der gegebenen Mittheilungen sollte es dir nun nicht schwer fallen, dein Grundstück verständig zu benützen und daraus für dich und die Deinen einen schönen, geistigen und materiellen Gewinn zu ziehen. Ich wünsche dir von Herzen Glück und schließe mit den Worten des sel. Spitta:

„Gehe hin in Gottes Namen, greif dein Werk mit Freuden an,
Frühe jäte deinen Samen, was gethan ist, ist gethan!
Weißt du auch nicht was gerathen, oder was mißlingen mag,
Folgt doch allen guten Thaten, Gottes Segen für dich nach!"

J. Lutz,
Direktor der landw. Schule im Strickhof bei Zürich.

PERSPECTIVE FÜR PROJECT I.

Project I

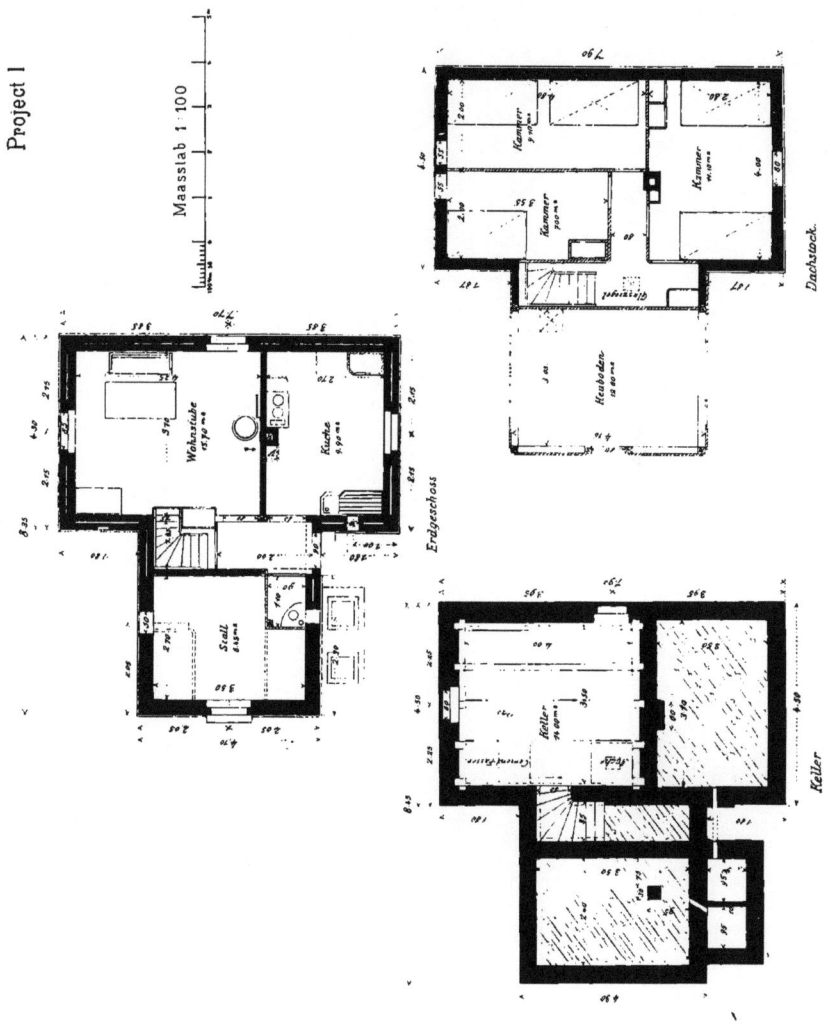

PERSPECTIVE FÜR PROJECT II.

Project II

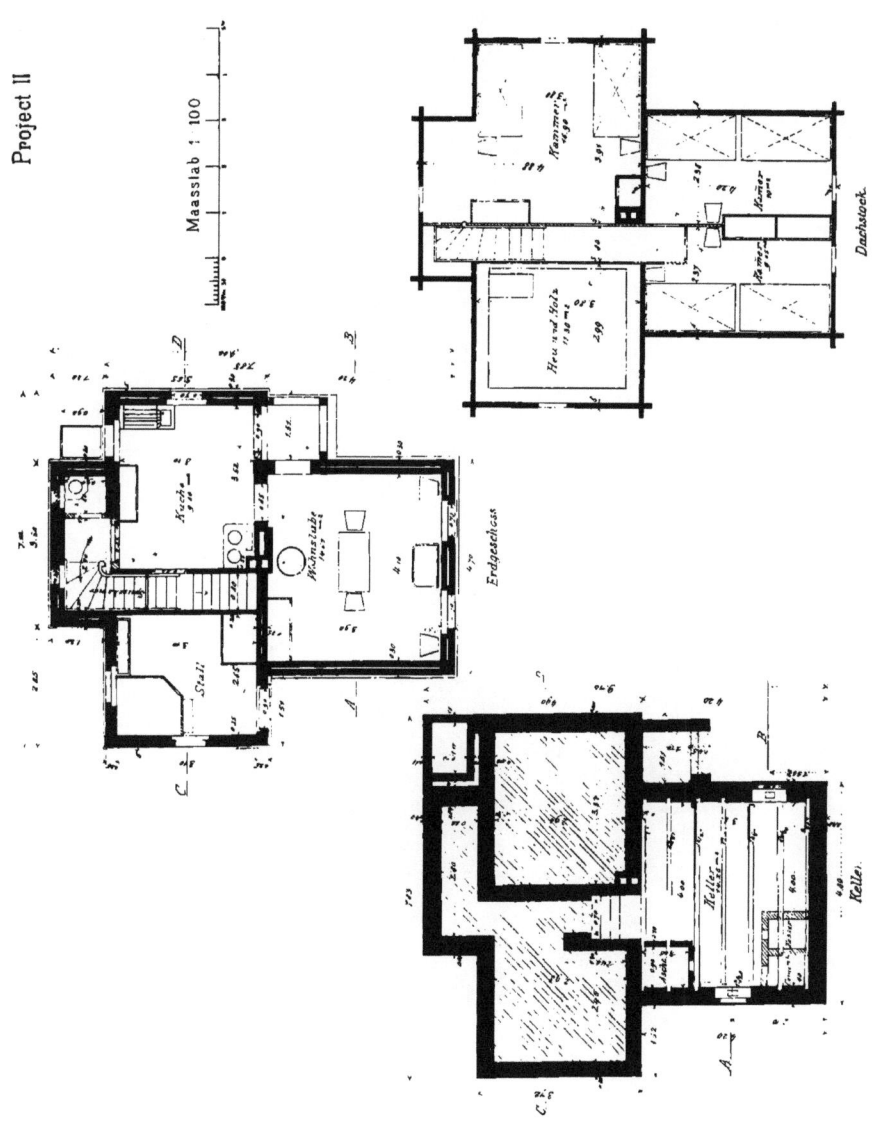

PERSPECTIVE FÜR PROJECT III.

Project III

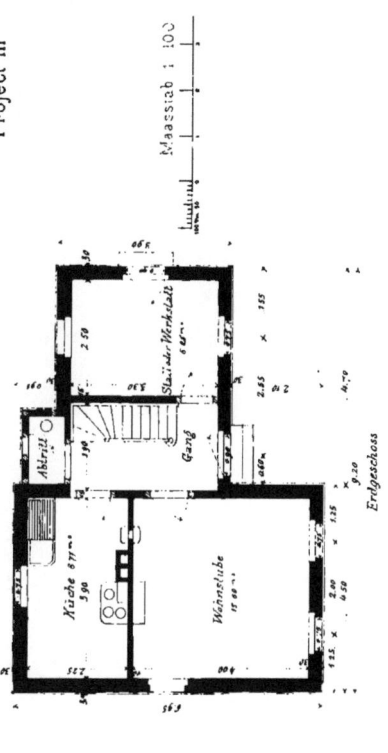
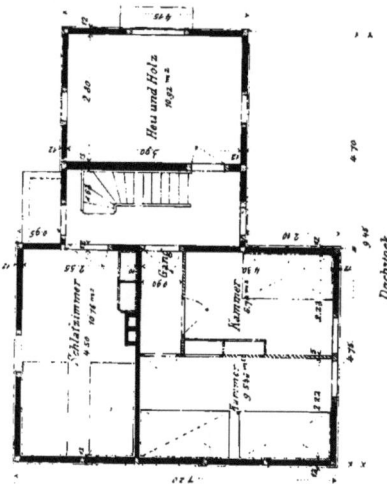
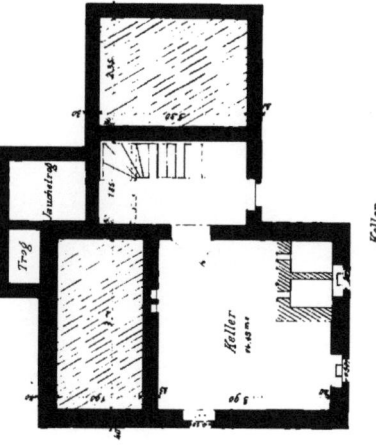

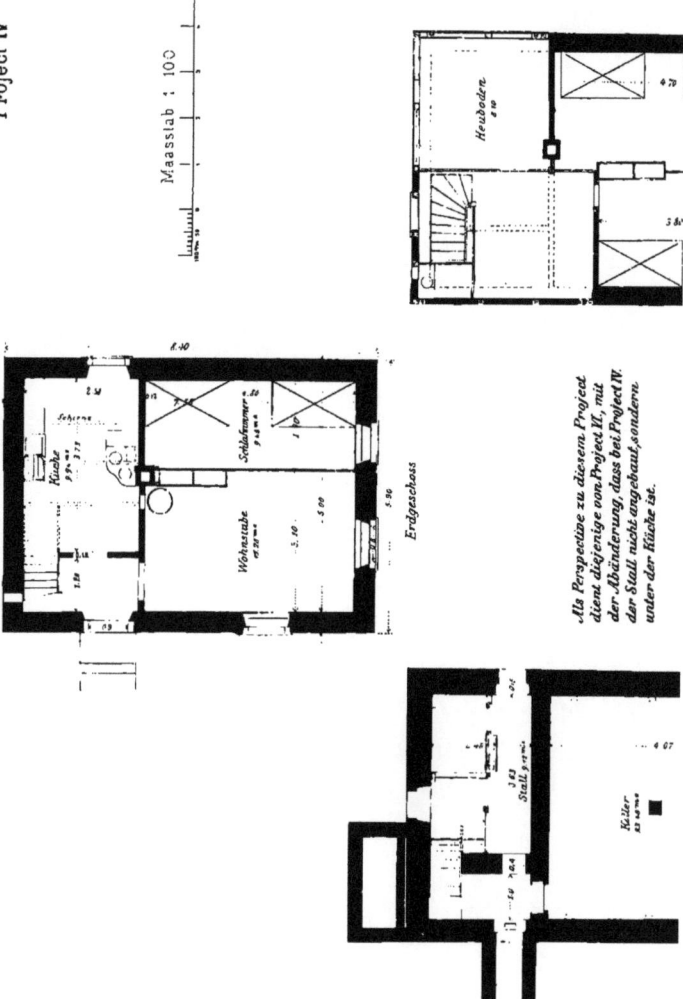

PERSPECTIVE FÜR PROJECT V.

Project V

Maasstab 1 : 100

Erdgeschoss

Dachstock

Keller

PERSPECTIVE FÜR PROJECT IV UND VI.

Project VI

Maasstab 1 : 100

PERSPECTIVE FÜR PROJECT VII.

Project VII

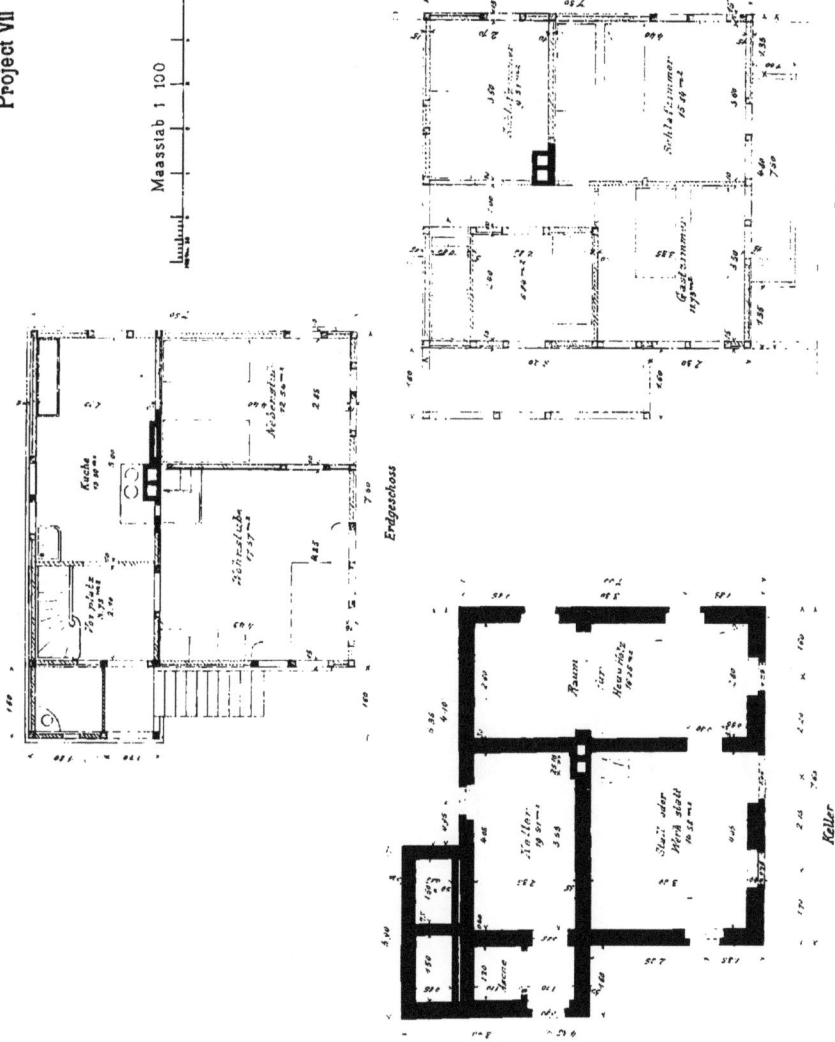